JN328694

編 東アジア共同体研究所
著 鳩山友紀夫／進藤榮一／高野 孟／中島政希／島袋 純

なぜ、いま東アジア共同体なのか

花伝社

なぜ、いま東アジア共同体なのか◆目次

はじめに——本書出版にあたって

東アジアの経済統合は、一九九〇年代以降急速に進展し、「東アジア共同体」建設についての積極的な動きが生まれ、自民党政権下でも小泉首相が二〇〇二年のＡＳＥＡＮ首脳会議や二〇〇四年の国連総会で「東アジア共同体」を提唱した。鳩山内閣は東アジア共同体構想を政権の重要な柱としたが、米国はこれを日中主導による米国抜きの東アジア秩序を目指すものとして誤認して警戒し、その後、逆に米国主導で中国抜きの経済秩序を作ろうとしてＴＰＰ構想を提唱した。鳩山内閣退陣以降、日中、日韓の政治関係悪化、ＥＵの経済危機等の影響もあり、東アジア共同体構想への日本国内の関心は急速に薄れて行った。

しかし、東アジアにおける経済的相互依存はますます拡大し、事実上の地域統合の流れは加速している。経済規模においてＡＳＥＡＮ＋６はＥＵを、ＡＳＥＡＮ＋３は米国を超えている。日本の貿易相手国のシェア（二〇一三年）は対米国が一四・四％、対中国が二〇％、対アジア圏が四八・九％、対ＥＵ圏が九・七％である。ＡＳＥＡＮは二〇一五年にＡＳＥＡＮ共同体を設立することで合意している。

その一方で、東アジア諸国は、米国覇権の衰退と中国の経済的軍事的台頭という新たな国際環境への対応に苦慮している。米中両国は、アジアの秩序作りの主導権を争い、東アジア各国との関係において、どちらが優位を獲得するか政治的に争っている。日本を始め米国との軍事同盟関係にある国々は、政治的には米国への依存関係が続く一方、経済的には中国との相互依存関係が否応なく深化していくという二律背反の状況に陥っている。

経済的相互依存の深まりという点では、米中関係も例外ではない。米中の貿易額は日米貿易額の三倍近くまで拡大している。米国にとって中国は最大の債権国となっている。米中に対立はあるが、それをかつての米ソ対立と同一視することは誤りである。米中は軍事的に牽制し合う一方、首脳や閣僚による戦略・経済対話を定例化し、協調的な不戦体制の構築をめざしている。

戦後史において、経済規模で米国を凌駕した大国は今までは存在しなかった。しかし中国が近い将来そういう存在になることは確実である。これは冷戦の終焉とソ連邦の崩壊にも匹敵する歴史的大事件であり、それが国際環境にもたらす大変動に対して、日本はいかなる構想力を以って対応していくのか問われている。

第二次安倍政権は、いたずらに中国との政治対立を深め、冷戦下の日米安保条約で仮想敵であったソ連を中国に置き換えたような、独りよがりの日米同盟強化論で中国包囲網の形成を目指しているかのように見える。また、「戦後レジームからの脱却」という復古的な歴史認識で中韓の反発のみならず米欧からの批判も招いている。米国は中国抑止に腐心しつつも、日中の対立が武力衝突に至ることを強く警戒し、リバランス（再均衡＝アジア回帰）改革が中国を仮想敵とするものではないことを殊更に表明している。

新たな大国が勃興するとき、他国に脅威感、拒否感をもたらすことは歴史の通例であり、経済的台頭は軍事的膨張をもたらすこともよくみられる。かつての日本もその例外ではなかった。新興大国の膨張的傾向に適切な抑止案を講ずることは重要ではあるが、軍事的に対抗するだけでは地域の緊張は解消しない。緊張を緩和する何らかの枠組みが必要になる。鳩山内閣の東アジア共同体構想はその一つの実例だった。

台頭する中国と衰弱する米国の覇権という現実の前に、実は米中両国自身も、あるべきアジア秩序について確かなイメージを持ちえずに彷徨しているように見える。日本も他の東アジア諸国も、新たなアジア秩序がかつての華夷秩序のようなものになることを望まない。また米中がすべてのルール作りを占有するG2体制も望まない。

東アジア地域には、様々な政治的対立がある一方、すでに様々な形の地域統合の枠組みが存在する。米国も中国もそれらに積極的に関与しつつ、アジアの秩序形成に影響力を及ぼそうとしている。日本も東アジアの地域統合に積極的にかかわるなかで経済的発展と政治的自立の道を目指すべきである。またそれ以外に、日本の生きる道はない。それ故、日本は東アジア共同体構想の積極的提推進力たるべきであり、本書出版の所以もまたここに存する。

序章　二一世紀は「アジア力」の世紀

進藤榮一

二一世紀は、もはや欧米先進国が先導するG7やG8の時代ではない。まして第二次世界大戦後半世紀にわたって続いた米ソ冷戦下のG2の時代でもないし、七〇年代以降登場した米欧日三極体制の時代でもない。世界は、冷戦終結前後に始まるG8の時代から、九〇年代韓国、台湾、香港やシンガポールなどアジアNIEs（新興工業経済地域）の台頭、二〇〇〇年代中国、インドなどBRICSの登場をへて、二〇一〇年代のインドネシアやトルコなどNEXT11一一カ国の参入に至る、G20の時代へ突入した。その新たなG20の時代を、アジア力――総体としてのアジアの力――が牽引する。二一世紀は「パクス・アメリカーナの世紀」に代わって登場し始める「大アジア力の世紀」である。

台頭するアジアは、帝国の衰退と裏腹の関係をなしている。それがポスト・アメリカの序曲を奏でる。グローバル・パワーバランスは、アジアへとシフトし、二一世紀「アジア力の世紀」を登場させた。その中で、EUの後を追うかのように、アジアが地域統合を進め、東アジア共同体を、地域共通の中心政策課題にせり上げている。

膨張するアジア市場

日本の対外輸出における対米輸出比率は、七〇年代から八〇年代にかけて四〇％近く（八六年三八・五％）にまで達した。その後漸減し始め、二〇一〇年には一三・二％に縮小し、減少はなおも続いている。逆に対中輸出は、七〇年代の一％以下から一〇年の二一・二％へと、三〇年間で二〇倍以上も増加し、日本の対アジア輸出全体では五四・一%にまで達していた。疑いもなく日本経済は、総体としてのアジアへの輸出依存度を高め、興隆するアジア経済との一体化の動きをさらに強めている。

クルマ一台を買うことのできる所帯を上流中間層とする社会学者の定義に従うなら、中国には二〇〇九年に九〇〇〇万人の上流中間層が生まれている。そして二〇二〇年にその数は四億人を超える。その時、日中間の給与格差は、おそらく逆転しているはずだ。

類似のことは、タイやインドネシア、香港やマレーシア、インドとの所得格差——と発展格差——についてもいえる。情報革命下で経済発展が政治発展と連動し、市民社会を強める。

多国籍分業化による「一つのアジア」

しかも、二一世紀情報革命が生み出した生産工程のネットワーク化とモジュール・アーキテクチャー化（規格化による統合）が、その動きを支える。それが、ＡＳＥＡＮと日中韓三国の相互補完関係を一層強めて、相互依存関係を深化させる。

クルマであれ電化製品であれ、いまや多くの生産工程は、一国内で完結することはない。生産は、国境を越えて、いくつもの国で同時進行する。グローバル情報化された世界の中で企業は、利潤の最大化を求め、生産拠点を、国境を越え分散配置し、異なった国で生産と経営を進めて完成品に仕上げる形へと変貌させた。情報革命が、生産工程の脱国境化を推し進めたのである。

たとえば、自動車のタイヤはマレーシア、バンパーはフィリピン、車体はインドネシア、電気部門はシンガポール、デザインはソウル、金融は上海でと、それぞれ分散分業させながら、生産工程を組み上げていく。こうして流通や経営面でのモジュール化も可能になっていく。アジアの貧しい途上国と豊かな先進国とが、ウィンウィンの協力関係を構築し、その制度化――すなわち地域統合――を進める。相互依存に先立って相互補完が、人々と国々を結びつけ、地域統合を促していく。相互補完するアジアの格差と多様性ことが、「一つのアジア」をつくる現実である。

科学技術に国籍はないが、もし国籍があるとするなら、それは科学技術の発展を支える政治と外交の仕組み、そしてそれを支える市民社会の力である。「歴史と地理」が終焉する中で、アジアの国々は、その力を手にし始めている。米国主導のグローバリズムのリスクに抗して、FTA網を軸にした協力機構が、ASEAN主導下でアジア地域統合を進展させ、ポスト・グローバル化のアジアをつくり上げていくのである。

統合への歩み

時系列的にその動きは、次のように整理される。まず一九九二年に、ASEAN自由貿易地域（AFTA）の形成に合意し、九三年に関税削減を開始、〇八年までの一五年間で実現するとした。そして九七年アジア通貨危機に直面し、域内への外貨呼び込みによる経済活性化を図った。九九年のＡＳＥＡＮ首脳会議で、域内関税削減計画を五年前倒しすることにし、〇二年までに域内関税削減を、〇～五％以内にすることに合意した。ＡＦＴＡ形成を軸にＡＳＥＡＮ地域統合の第一歩を記し始めたのである。

米国は一九八九年の米加ＦＴＡを経て、九四年にはＮＡＦＴＡ（北米自由貿易協定）を成立させた。九五年オーストラリアが米国の支援協力下に、ＡＰＥＣ（アジア太平洋経済協力会議）閣僚会議を発足させ、興隆する東アジアの市場を取り込んで、自由貿易圏を拡大させる動きを始動させた。

他方、安全保障の面ではＡＳＥＡＮが、すでに冷戦終結に先立つ二〇年前、七一年に東南アジア平和・自由・中立地帯（ＺＯＰＦＡＮ）宣言をし、七六年には第一回首脳会議でＡＳＥＡＮ共和宣言（いわゆるバリ宣言）を発出した。同時に東南アジア友好平和条約（ＴＡＣ）を締結し、武力行使を禁止し、相互協力による地域的発展を図ることを、対内的・対外的に確認していた。九四年カンボジア紛争終息後、アジア太平洋地域の安全保障対話の閣僚会議――ＡＳＥＡＮ地域フォーラム（ＡＲＦ）――を発足させ、九五年に東南アジア非核兵器地帯条約を締結した。

これと前後してＡＳＥＡＮは、ブルネイに加えてインドシナ半島四国を加盟させて一〇カ国体制に拡大した。ＴＡＣには、〇三年中国・日本、〇四年韓国、〇六年インドが加盟した。

共通リスクに対抗して

このような共同体創造への大きな躍進は、カジノ資本主義とグローバリズムの脅威が、アジア共通のリスクとして浮上したことが要因として挙げられる。

一九九七年七月二日、香港返還の翌日にアジア通貨危機が勃発した。米国発のヘッジファンドが中心になって、タイ通貨バーツの売り買いを繰り返した。あたかも米ドルが、ひ弱なアジア経済の成長軌道を腰折れさせ、香港返還リスクを煽って、欧米の復権をはかるかのように、である。危機は、フィリピンやインドネシアからマレーシア、韓国へとアジア全域に広がった。

グローバル化の下で世界中に跳梁跋扈し始めた米国主導の金融資本主義のリスクである。それが、発展途上のアジア経済を揺るがし、通貨危機を噴出させた。アジア経済の急速な発展が、未熟な市民社会を直撃し、米国発のグローバリズム——金融グローバリズム——のリスクを一挙に顕在化させたのである。

危機発生時にアジア諸国は、ヘッジファンドによる自国通貨の大量の売り買いに対処防衛できる十分な外貨がなかった。この危機に際して、ＡＤＢ（アジア開発銀行）は対処できず、ＡＰＥＣは対応すらしなかった。ＩＭＦ（国際通貨基金）は支援をしたものの、貸し出し条件に、過酷な財政緊縮と民営化を求めたため、政府開発主導政策を取るアジア諸国は、一様に塗炭の苦しみを舐めることになった。

二〇〇〇年五月には、ＡＳＥＡＮ＋３の財務相が、タイ北部チェンマイに集まり、東アジア通貨融通システムを発足させた。アジア諸国を襲った通貨危機の再発に備え、域内各国で外貨（米ドル）を融通し合う地域金融協力の枠組み、いわゆるチェンマイ・イニシアティブである。

東アジア共同体批判論は、右派の論客らによっても繰り返されていたが、こうした東アジア共同体批判論に呼応するかのように、現実の国際政治状況の展開が、東アジア共同体構想の実現を阻みかねない阻害要因を浮上させ続けている。

第一に、日中間、日韓間で繰り返し生ずる歴史問題がある。第二に、「興隆する中国」が日本の安全を脅かすとする「中国脅威論」という阻害要因。第三に、財界とメディア、政権中枢を含む米日双方の安保基軸論者が主張してやまない、TPP（環太平洋経済連携協定）という阻害要因。最後に、世界金融恐慌の余波を受けて揺らぎ続ける欧州連合（EU）が、地域統合モデルの相対優位性を喪失したとする、「EU終焉」論という阻害要因。

しかしそのどれもが、乗り越え可能なものであり、共同体によって避けられるであろうリスクを上回るものであるとは思えない。

民間レベルの運動

3・11の悲劇は、その後の尖閣問題の勃発とともに、二一世紀日本再興戦略を紡ぐ希有の好機を私たちに提供している。そして第二次大戦後、独仏が、イタリアやベネルクス三国とともに、地域統合の推進によって領土問題を乗り越えていったように、日中両国が、韓国やASE

ANとともに地域統合を進めることによって領土・歴史問題を乗り越えうる、好機を私たちに指し示している。

一般に、政府公式の外交「トラック1」だけでは、政治家や外交官の行動が狭い国益や、産業界の動向に左右され拘束されがちだ。しかし専門家集団の間での「トラック2」外交なら、高度な専門知識を基礎に国境を越えた、先見的なコンセンサスを形成できる。専門知の共有によって現実を変える「知識共同体」形成の道である。

二〇〇六年一二月には、三年の研究会活動を経て、筆者を含むメンバーが、国際アジア共同体学会（ISAC）を設立した。また、欧州大学間共同教育プロジェクト・エラスムス計画に倣ったキャンパス・アジア構想（CAMPUS　ASIA＝Collective Action for the Mobility Program of University Students）が、〇九年一〇月の日中韓サミット（北京、第二回）で、日本側、鳩山首相のイニシアティブで発足した。エラスムス計画よりも規模は小さいが、いまそれが着実に進展し、明日のアジア人をつくり出そうとしている。日本側は東京大学など九大学が参加校となって、それぞれの得意専門分野を軸に中国と韓国の相手校と大学院修士課程の合同学位プログラムをつくり、相手校への留学を義務付けた形で進められる。

もう一度、東アジア共同体の実現へ向けて

このように「春の季節」を迎えた東アジア共同体ではあったが、近年様々な要因で阻まれ、

「冬の季節」を迎えている。日本は東アジア共同体の夢を捨てて、再びアジアで戦争をする国へただ逆戻りするのだろうか。否、我々はもう一度「不戦共同体」としての東アジア共同体の原点に立ち戻らなければならない。

鳩山由紀夫氏は政界を引退したのち、悲願である「東アジア共同体の創造」を目指して二〇一三年「東アジア共同体研究所」を設立した。本書はその基軸となる「東アジア共同体構想」を、現実問題と併せて分析したものだ。「脱亜入欧」の過ぎ去りつつある世界の論理から抜け出て、新しいアジア力の世紀を生き抜くために、真の意味での戦略的思考を鍛えて、冬の季節を乗り越えなければならない。本書の意義もそこにあり、単に理想を掲げるだけでなく、共同体実現を拒む、あるいは逆に促進するであろう国内・国外の問題についても、鳩山、高野、中島、島袋各氏が詳細なデータを基に分析を行っている。

鳩山氏は、クーデンホフ・カレルギーによる以下の言葉を座右の銘とし、それは研究所のモットーともなっていると聞く。

すべての偉大な歴史的出来事は、ユートピアとして始まり、現実として終わった。

本書は、実現不可能な理想論を綴ったものではない。共同体設立という現実の目標に向かっての、極めて建設的な指標である。

第1章　東アジア共同体へ具体的な提案をしよう

鳩山友紀夫

はじめに

友愛の心を持った人間のための経済へ

二〇一四年一一月一日、私はAPECが開かれる直前の北京にいた。既に警戒が厳しくなっているとのことだった。総理を辞めてからほぼ二〇回目の訪中である。今回は中国が音頭をとり一一年前に設立された国際金融フォーラム（IFF＝International Finance Forum）の年次総会に出席するためである。直前に私はIFFの顧問委員会の議長を引き受けていたが、初めての参加であった。顧問委員会にはカーラ・ヒルズ元米国通商代表や白川方明前日銀総裁も名簿に名を連ねていた。

初参加なので勝手がまるで分からなかったが、年次総会の開会式で私は二〇〇九年の政権交代後の最初の所信表明演説の一部を英語に直して話した。友愛の心を持った人間のための経済へというくだりである。

「市場における自由な経済活動が、社会の活力を生み出し、国民生活を豊かにするのは自明の理です。しかし、市場に全てを任せ、強い者だけが生き残れば良いと言う発想や、国民の暮らしを犠牲にしても、経済合理性を追求すると言う発想がもはや成り立たないことも明らかです。私は『人間のための経済』への転換を提唱したいと思います。それは経済合理性や経済成長率に偏った評価軸で経済をとらえるのをやめようということです。経済面でも自由な競争は促しつつも、雇用や人材育成といった面でのセーフティネットを整備し、食品の安全や治安の確保、消費者の視点を重視するといった、国民の暮らしの豊かさに力点を置いた経済、そして社会へ転換させねばなりません」

さらに、開会式直後のセッションの冒頭にスピーチをする機会を与えられたので、私は現在の日中関係を憂いながら、両国が主導的な役割を果たして、友愛精神の下に東アジア共同体の形成に向けて努力をするようにとメッセージを発信した。

聴衆は国際金融のプロたちが多い。かつての政治指導者を除けば、端的に言えば、金融の世界でいかにして個人が、企業が、国家がお金儲けできるかに腐心してきたつわものたちである。現実の世界に身を投じてきた人たちである。経済成長率や為替レートや株価や金利に関わり、分析し、敏感に反応してきた方々である。何を現実離れした理想主義的な話をするのだと突き放されるか無視されるのではないかと恐れていた。あるいは、討論の中で、デリバティブなどの金融商品の中に見られる、行き過ぎたマネーゲームは規制されるべきではないかとも話していたので、批判も覚悟していた。

ところが、そうではなかった。意外にも好評だったのである。モデレーターの成思危《セイシキ》ＩＦＦ主席からは東アジア共同体の発想に対して高い評価をいただいた。ヨーロッパから参加された方からは、ＥＵをモデルとして東アジアが協力していくことは素晴らしいと絶賛していただいた。日々の金融の動きに敏感な国際金融のプロたちには、理想主義的でビジョンのある話は却って新鮮に映ったようだ。韓国の韓升洙《ハンスンス》元首相は自分の博士論文のテーマが共同体に関するものだったと懐かしんでいたし、オーストラリアのケビン・ラッド元首相からは、「自分の主張は『アジア・太平洋共同体』であるから似ているね」と笑顔で答えられた。

物事を成し遂げるには、多くの協調者が必要である。IFF総会に出席して、まだまだ知識層でさえ東アジア共同体に関して関心を持っていないことが分かったと同時に、知ってさえもらえば理解が急速に広まる可能性があるのではないかとの感触を得た。帰りがけに、IFF事務局から、早速来年にもIFFとして東アジア共同体構想に関する研究会を開くので協力してほしいとの要請をいただいた。有難いことである。

FTAとTPP

そのIFFの夕食懇談会のときに、私は韓升洙元首相にAPECでの日韓首脳会談の可能性について伺った。韓元首相は私の質問には答えずに、今回のAPECの目玉は朴槿恵大統領と習近平国家主席の間で韓中FTAを結ぶことであると述べた。日本が米国との間でTPPを結ぶことにこだわり、日中韓間のFTAに乗り遅れ、中韓連携に先を越されたのは致命的である。政治指導者が判断を間違えると国民に大きな不幸をもたらしてしまいかねない。戦後一貫して常に米国の顔色を窺いながらしか政策を決められない日本政府が、米国の機嫌を取ろうとTP

Ｐを優先させ、米国にとって懸念材料を提供しかねない東アジア共同体への重要な一歩を踏み出す日中韓のＦＴＡ交渉には終始消極的であったのだ。ＦＴＡでは各国の事情を斟酌して自由化が進められるのに対して、ＴＰＰでは基本的に例外は認めず自由化が強制される。それだけでも日本の選択は明らかなのだが、政府はＴＰＰを選んだ。ＴＰＰが導入されると激震が走るのは農家に留まらない。例えば日本人の健康を守ってきた優れた国民皆保険制度が米国の圧力によって崩れると予測されている。今からでもＴＰＰから日中韓のＦＴＡ締結に政府は舵を切るべきなのであるが、一部を除き大手メディアも政府に迎合しているのか勉強不足なのか、殆どそのことに触れようともしないありさまである。

そのメディアであるが、このＡＰＥＣに関しては日中首脳会談、日韓首脳会談が開かれるか否かしか関心がないように見えた。ところが中国や韓国から見れば、安倍首相と会談しようがしまいが大して重要なことではなくなっているのである。彼らにとって、韓中ＦＴＡが最大の関心事項なのだ。結果として日中首脳会談が開かれたとはいえ、きわめて短時間の、内容的にもおざなりのものでしかなかった。それでも政府やメディアは、やったやったと騒いだが、習近平主席とオバマ大統領はディナーを挟んで二度の時間をかけた会談を行い、二人だけの散歩も楽しんだと言う。既に米中関係は日中関係はおろか、日米関係よりも緊密になってきているのである。私はこのＡＰＥＣを機に、日本が孤立の道を歩むことになるのではないかと強く危惧している。

1　友愛の理念

「オーパパ」、鳩山一郎

子どもの頃、既に脳溢血で左半身が不随となっていた祖父一郎は、それでも具合の良いときにはベランダに出て、筆を執り色紙に必ず「友愛」と書いていた。私も一枚もらったことがある。弟の邦夫はその時分から、大きくなったらオーパパのような政治家になるんだ、首相になるんだと言っていたように記憶するが、私には全くその気がなかったものだから、友愛っていい言葉だなあというくらいしか考えていなかった。政治家は私には最も不向きな仕事だとも感じていた。

第二次世界大戦に敗れた日本が、曲がりなりにも独立を取り戻し、とは言えその当時からの米国への依存が今日まで続くことになっているのであるが、これからはモノづくりで頑張ろうとしていた頃のことである。私は工学で身を立てたいと考えていた。そして大学卒業後、コンピューターの走りの時代だったので、人間の脳を真似た素子でコンピューターを創ることを夢見て留学した。ところが留学して遠くから日本を眺めた時に、逆に自分がいかに国を愛していないかに気付いた。向き不向きではなく、政治をやりたいと思い始めたのはその時である。そこで初めて祖父の足跡を振り返り、友愛こそ今の時代に最も大切にしなければならない理念であると理解した。

祖父一郎はリヒャルト・クーデンホフ・カレルギー伯に傾倒していた。彼はカレルギー伯が著した『全体主義国家対人間』を、追放に遭っていたことも手伝い、自ら『自由と人生』（鹿島出版会、一九五三年）と言う名の本に翻訳していた。その本は次のような文章から始まっている。

「人間は神の創造物である。国家は人間の創造物である。したがって、国家は人間のために存在するが、人間は国家のために存在するのではない」

「人間は目的であって手段ではない。国家は手段であって目的ではない。

国家の価値は、正確にその人類に対する効能の如何に関する。即ち、その人間の発達に貢献することが大なれば大なるほど善であるが、その人間の発達を妨害するに至れば、直ちに悪となる」

「友愛」は自由と平等の架け橋

二〇世紀初頭、カレルギー伯が若かった頃のヨーロッパはヒットラーのドイツとスターリンの旧ソ連という二つの全体主義国家が猛威を振るっていた。国家が強権を行使し過ぎると決して国民にとって幸せなことではない。これはいつの時代にも当てはまる真理である。カレルギー伯は全体主義がヨーロッパにはびこることを恐れ、敢えて時代に挑戦的に全体主義より人間が大事であると説いた。そして国家より人間の価値を重視する理念として友愛を主張した。また人間の守るべき権利として自由と平等があり、共に重要な理念であるが、自由をはき違えると放埓となり、行き過ぎた自由経済は弱肉強食となる。一方、平等も大切な権利ではあるが、国家が行き過ぎた平等を押しつけると、人々の向上心が失われ、社会の活力が失われる結果をもたらす。

そこでカレルギー伯は自由と平等の架け橋として友愛を提唱した。人間同士の信頼があって初めて自由も平等も機能する。国家はあくまでも人間社会を豊かにするための手段であって、より重要なことは人間相互の信頼や尊敬である。したがって、国家を超えてヨーロッパの人々は友愛の絆で結ばれるべきであると、カレルギー伯は汎ヨーロッパ主義の必要性を強く主張した。この友愛革命思想が後のヨーロッパ共同体（ＥＵ）の原点となるのである。

「民主主義というものは、自分の自由と自分の人格の尊厳を尊重すると同時に、他人の自由と他人の人格の尊厳をも尊重する思想が基礎にならなくては、成立しない。従来、世界の歴史上、平等のための革命と自由のための革命はあったけれども、友愛のための革命は存在したことはなかった。しかし、民主政治完成のためには、どうしても、この友愛革命が必要である」

祖父一郎はカレルギー伯のこの革命思想に心酔した。そして彼自身の政治信条の中心に友愛を据えた。彼は民主主義は友愛精神を基調としなければならないとし、相互尊重、相互理解、相互扶助を友愛三原則とした。そして一九五三年に友愛社会の実現のために青年たちを結集し、友愛青年同志会を結成した。その中には若き日の海部俊樹元首相、森喜朗元首相、渡部恒三元衆議院副議長などがいた。この活動は現在も私が理事長を務めている日本友愛協会に引き継がれており、軽井沢の友愛山荘での研修活動、中国での植林活動やビルマの青年育成支援などを行ってはいるが、年々会員の高齢化が進み、友愛の普及活動に関して新たな方向性が求められている。

領土問題の解決を目指して

私は一郎の真骨頂は一九五六年の日ソ共同宣言の時に発揮されたと思っている。半身不随でかつ心臓を病んでいた身体は、医者に言わせれば、ソ連から生きて帰ってこれる可能性は半々だった。その身体を押してモスクワに行き、ソ連との間の戦争状態に終止符を打ったこともさることながら、私にはモスクワに赴く直前に青年同志会の若者たちに向かって話した言葉こそ、一郎の友愛精神の結晶だと思っている。

「領土は逃げない、しかし人の命には限りがある。シベリア抑留者の命を救えるときには、一日も早く救ってやらなければならない」

一郎は国後島、択捉島も日本の領土であると信じていた。しかし、ソ連は四島を返還する気は全くなかった。既に米ソの対立が激化していたため、米国からは四島返還でなければならないと強く圧力をかけられていたし、その意を受けて自民党内部からも同様に圧力を受けていた。四島返還を要求してもまるで成算は無かった。それでも一郎がモスクワ行きを決断したのは、まだ戦後シベリアなどに抑留された多くの日本人が祖国の土を踏むことが出来ずにいたからである。領土は逃げないから、将来に解決すれば良いが、人の命は明日をも知れない、どちらを優先するは明らかである。そう一郎は考えていた。モスクワに赴く前から、領土問題については、最終的な解決を諦めていたということでもある。友愛を重んじる一郎ならではの決断であったと理解する。

その結果、鳩山一郎とブルガーニン首相との間で結ばれた日ソ共同宣言では、歯舞群島、色丹島の二島は平和条約が結ばれたときに日本に返還されるとの文言に留まった。私を含めてその後の政治家の力不足で、未だに北方領土問題は進展を見せていない。私は親日的でロシア内で評価が高いプーチン大統領のときが、北方領土問題の解決が可能となる最後のチャンスであると信じている。このときを逃すべきではない。プーチン大統領からは柔道用語で「引き分け」の解決策が望ましいとの発言まであった。今こそチャンスであった。

ところが、ウクライナ問題が生じ、クリミアの住民が民主的な手続きでロシアへ戻ることを決めていく際に、日本は欧米に倣ってロシアへの制裁に加わってしまった。常に米国の顔色を見なければ判断できない日本政府の失敗で、北方領土問題の解決は大きく遠のいてしまった。残念なことである。先日お会いしたロシアのナルイシュキン国家院（下院）議長は、「（日本の）政治家の間違いで、制裁に加わったことに失望した」と話された。モルグロフ・ロシア外務次官からは「韓国は制裁に加わらなかった。日本は大人の国なのに、なんで韓国で出来たことができないのでしょうか」と皮肉を言われた。まさにその通りなのである。歴史的な事実に目をつぶり、米国からの偏った情報を信じて、日本外交は何度間違いを冒してきたことか。米国の手を握っていなければ歩けない日本は、恥ずかしながら全く大人になれていない。何度も国益を損なう政策判断をしておきながら、政府もメディアも国民もそのことに気付かないほど子どものままなのである。それだからこそ、より自立した政策判断を可能にするためにも、友愛の理念の下に東アジア共同体の構築を急がねばならないと私は考える。

友愛の理念

友愛の理念は普遍的である。カレルギー伯が言うように、友愛とは自己の自由と人格の尊厳を尊重すると同時に、他者の自由と人格の尊厳をも尊重する思想である。自己の人格の尊厳を尊重することができるためには、自己は自立しているか、自立しようと努力している必要があろう。何でも他人に依存して寄りかかっていれば、自己の尊厳などないからである。相手の尊厳を尊重することができるためには、相手も自立しているか、自立しようと努力していることが求められる。お互いに尊重し合い、お互いに自由を認め合うとき、一方が他方に依存するのではない共生の社会が生まれる。友愛社会の実現を目指すことは即ち自立と共生の社会の実現を目指すことなのである。自由と平等の架け橋としての友愛は、別の言葉で表すと自立と共生と言えよう。

一般的に友愛と言えば人と人との間の友愛を指し、個人の自立と他者との共生を意味する。友愛社会とは一人ひとりが自立しようと頑張りながら、しかし、一人では生きてはいけないので、みんなの協力の中で生かされることになる。そのとき、一人ひとりが異なる個であることを認め、理解し、尊重し、喜び合いながら、共に社会の中で生かされることに感謝する。そのような社会のことである。

その思想は人と人の間に留まらない。国家と国家の間の友愛、即ち、国家間がいかにして自立と共生を図るか考えていくと、共同体の発想に行きつく。また、地域と地域の間の友愛、即ち、地域間がいかにして自立と共生を図るかを考えていくと、地域主権の発想に行きつく。友愛の経済を考えれば、自立と共生の経済の姿とは、ボランティア経済、新しい公共、さらにさまざまな協同組合などがあげられよう。

さらにはまた、人と自然との間にも友愛は存在する。いかにして自然との共生を図るかは、実は人類が直面する最大の課題ではないかと思う。地球は日一日と持続可能ではなくなってきている。国連の下に設立されているＩＰＣＣ（International Panel on Climate Change、気候変動に関する政府間パネル）は最近二一世紀中に地球温暖化ガス排出量をゼロにしなければならないと、極めて強い深刻な警告を発した。

それにも拘わらず、世界の政治指導者たちの反応はなんと鈍いことか。愚かな指導者たちが気候変動、地球温暖化に対する対応を遅らせているうちに、台風、ハリケーンは巨大化し、異常気象が日常のこととなり、一部の地域では豪雨による洪水、別の地域では日照りによる飢饉と、刻々と人間が住めない地球になりつつある。

私は二〇〇九年九月に国連総会で、条件付きながら「二〇二〇年までに地球温暖化ガスを一九九〇年比で二五％削減する」ことを目標に掲げたが、経済界の反応は非常に冷たいものがあった。民主党のマニフェストでの公約であったので、政権交代後民主党主導の新政権は、それまでの政府方針を押し切る形で地球温暖化に対する厳しい方針を決めたのだが、経産省などの役所もお手並み拝見の様子見であった。

今回のＩＰＣＣの警告から察して、今ではこの程度の日本の目標では最早不十分であることは間違いないのであるが、二〇一一年の福島原発事故を契機に、この目標さえ不可能とし、極めて不誠実な目標に見直されてしまった。このまま対策を講じないで進むと、東京や横浜は二〇四〇年頃に温暖化地獄に突入すると言われてもいる。

カレルギー伯は友愛を革命思想として世に問うたが、現在に生きる私たちは、人間と自然との友愛に関しても、地球環境問題が遅々として進まぬ状況を展開するために革命思想として進めなければならない。

新しい公共

賀川豊彦は一九三六年にロンドンで『Brotherhood Economics』を著したが、二〇〇九年に『友愛の政治経済学』(コープ出版)として翻訳された。彼は弱肉強食の自由主義経済の中で弱者が結束して生き抜くために、相互扶助の精神の協同組合方式を提唱している。彼の理想の協同組合にどれだけ到達しているかは別にして、彼の提唱により、生活協同組合、農業協同組合、漁業協同組合など多くの協同組合が活動しているのはご存じの通りである。

私は二〇〇九年の政権交代後、「新しい公共」がこの国の潤滑油として成長していくことが、人生に幸せと潤いを与えることになると理解して、「新しい公共」に対して数々の支援策を講じた。

日本人は戦後、馬車馬のように働いて、短期間に戦後の復興を遂げたばかりでなく、日本を経済的には一流の国に導いた。日本人は急速に豊かになった。しかし、経済的な豊かさは必ずしも幸せをもたらしたとは言えなかった。すべて経済的な原因と言うわけではないが、自殺者は毎年三万人を超えていた。経済合理性を追求して、市場原理に身を任せる資本主義は合理的ではあっても、多くの人々に幸せを与える機能を備えているとは言えなかったと言うことである。

一方で阪神淡路大震災や東日本大震災のときに、災害復興のために非常に多くの人々がボランティア活動をしてくれた。彼らの行動基準は決して経済合理性によるものではなかった。彼らはボランティア活動を行うことによって、被災された方々を助け、彼らに幸せを与えることによって、自らも充実感や幸せを感じていたのではないかと思う。他人の幸せを自らの幸せと感じる社会がまさに友愛社会である。このような人々に活動しやすい環境を側面から支援することが政府の役割ではないかと考えた。

災害復興支援、防災、教育、環境、介護、福祉などの分野は、言わば公的な仕事である。したがって、日本ではこのような分野は公的な立場にある人々、即ち公務員が行う国の政府や地方政府の仕事であると考えられていた。ところが、何でも政府が行おうとすれば、人件費などコストがかさみ、また、いわゆるお役所仕事と言われてしまうように、細かいところまで手が届かない。そこで公《おおやけ》の仕事であっても、民ができる仕事はまず民に任せるべきであるとの発想が生まれた。「新しい公共」とは、公共サービスを市民自身やＮＰＯなどが主体となって提供する社会のことである。

実は何もそれは新しい発想ではなく、江戸時代には京都に、地域の商店主などの町衆が寄進をして建設された日本初の小学校である番組小学校があった。番組小学校は学校としての役割だけではなく、地域の警察のような仕事も行っていたと言う。また、火消しも地域の町衆が活躍していた。今でも、地域単位で民間が自治体の消防署員を助ける形で消防団が活躍しているが、まさしくそれは既存の「新しい公共」である。また、火の用心や防犯のための民間の組織を有している地域も多い。

新しい形態としては、福島や東北で地震や津波や原発事故で大きな打撃を被った地域の復興や被災者の生活支援のために活動している多くのNPO団体がある。小学生の学びを支援するために、ボランティアの補助教員をリストアップして、必要なときに補助教員にクラスに来てもらい、教員をサポートするコミュニティ・スクールもある。お年寄りの医療・介護を支援するNPOや医療福祉団体もあれば、地球環境問題を研究して国民を啓蒙し、警鐘を鳴らすNPOもある。

政府に任せる公助でもなく、市場経済に委ねる自助でもなく、コミュニティによって解決する共助の発想である。

彼らは人助けが目的で、お金儲けが目的ではないため、しばしば資金的な困難に直面する。民主党政権は超党派の支援を受けて、このような「新しい公共」を実践するNPOなどの団体に対して、政府として直接資金的な応援をするのではなく。側面からの支援として税額控除の制度を導入して、それらの団体が活動しやすい環境を作った。しかし、未だに国民への浸透は十分ではなく、逆に安倍政権は経済最優先と言うか株価最優先で、「新しい公共」を全く重視していないため、将来が危ぶまれる。残念ながら、日本の現状は経済面においても、友愛型社会から遠ざかっていると言わなければならない。

地域主権

国と地方との関係においても自立と共生の友愛のあり方を求めるべきと考える。従来の日本の統治のシステムは中央政府が上位にあり、地方政府は下位に置かれている。即ち、道路建設や河川管理などから、果てはたばこ屋や酒屋の設置に至るまで、地方は国にお伺いをしなければならない。おびただしい数の国の許認可事業が存在している。そこに政官業の癒着構造が存在する所以である。地方が国に依存しなければならない構造となっているのだ。

本来、国と地方は上下関係ではない。中央政府と地方自治体は役割分担を明確にして、共に自立を目指すべきである。その役割分担は補完性の原理によって行われることが望ましい。即ち、各家庭で解決できる問題は各家庭で解決する。家庭で解決できない問題のみ、コミュニティに解決を委ねる。コミュニティで解決できる問題はそこで解決し、出来ない問題のみ、基礎自治体に委ねる。基礎自治体で解決できる問題はそこで解決し、出来ない問題のみ、広域自治体に委ねる。広域自治体で解決できる問題はそこで解決し、出来ない問題のみ、中央政府に解決を委ねる。要するに、国は皇室関係、外交・安保、国家予算や通貨の発行など国でしか扱えない問題のみを扱うことにする。これこそ真の地域主権である。この目的を果たすためには、地方自治体に自主的な徴税権を認めることが必須であろう。国に依存することになり切った自治体には、自立には困難が伴うので真の地域主権には腰が引けるのではないかと察するが、地方が自立しつつ国と共生する友愛の地方自治が地方の人々の幸せの向上に貢献すると確信している。二〇〇九年の政権交代では、新政権は真の地域主権への道を歩み始めたが、現在は中央政府の巻き返しの前に、停滞を余儀なくされているのは極めてやるせない思いである。

2 東アジア共同体構想

開かれた地域統合

二〇〇九年の政権交代時、私はこの国のかたちを米国や官僚に依存する社会から、自立と共生の社会に友愛革命によって大きく変えねばならないと考えた。そしてその具体的な施策として、先に述べた経済における「新しい公共」、国と地域の統治に関する「地域主権」、それに国家間の「東アジア共同体」を友愛活動の三種の神器ととらえ、その実現に努力した。残念ながら、自分自身の力不足もあり、友愛革命は不十分なまま今日に至っているが、今でも、いや、今でこそその実現を強く図らねばならないと考えている。

友愛の理念に基づいて西欧はＥＵと言う共同体の構築に成功した。日本が主体的に国家間の自立と共生の友愛の道を構想するとき、極めて理想を言えば、現在の国連とはまるで次元の異なる世界共同体であるが、アジアの一員として構想すれば、それは東アジア共同体であると信じる。

確かにギリシャに例を見るように、一国の経済不安定があっという間にＥＵ全体に波及するなど、ＥＵに対する批判がないわけではなく、英国ではＥＵへの対応が国を揺るがす最大の関心事となっているのも事実であろう。しかしながら、戦後、米国一極の支配が強まって行く中で、ＥＵの存在がヨーロッパの地位を確かなものにしたこともまた事実であり、経済的にも、不戦共同体という政治的意味合いにおいても、ＥＵは大きな役割を果たしていると認識する。

地域統合の実現の夢、西欧に出来て、東洋に出来ない筈はない。私はそう確信する。「いやいや、そうではない、アジアは欧州に比べ発展段階も体制も違い、所得格差も大きい。宗教も多岐にわたり、歴史や言語などの文化もかなり異なっている。また、地域が海で隔てられているため移動も容易でない」と言って、同質的なヨーロッパ統合を、異質なアジアに当てはめるのは不可能であると主張する学者もいる。

一般的に、アジア地域統合はいわゆるヨーロッパ・モデルによって理論づけられてきた。すなわち、欧州統合の理論家ベラ・バラッサの理論に従って、地域統合は関税同盟の結成を出発点として、それを軸に生成発展していくものであると捉えてきた。そこでは地域統合は、対内的に関税をゼロにしながら対外的には高い関税障壁で守られる、保護貿易体制、つまり「閉ざされた地域統合」を基礎に展開すると捉えられていた。私たちは「閉ざされた地域統合」は古いモデルであり、これからの地域統合には相応しくないと考える。即ち、域内的ばかりでなく域外的にも自由貿易体制をつくりながら、食品生産を始めとして、通商や金融、開発の諸側面で地域協力を進めるような統合のあり方を模索したいと思う。このような私たちの考えるアジア地域統合のプロセスは「閉ざされた地域統合」を基準として見れば、異端なものに映ることは間違いない。

しかし、もし私たちが、発展段階の違いが生む相互補完性や、体制の違いが持つ潜在性に目を向けるなら、アジアの格差や体制の違いはむしろ、地域統合の阻害要因としてよりも推進要因として機能する現実が見えてくる。最も特徴的なことで申せば、日本と韓国、そして中国との間には、得意分野が異なり、ある種の分業体制が成り立っているのである。サムスン電子の李潤雨《イ・ユンウ》前CEOが「日本が高度資本財、韓国が中間財、中国が消費財という関係はすでにオーガニックになっている」と述べている。日中韓の産業構造は有機体になっていて、今や切り離すことはできないという意味である。お互いに得意分野が異なっていることが、むしろ共同体を構成する意義を増すのである。

そしてもし私たちが、二〇世紀工業革命下で発出した欧州統合と違って、アジア地域統合が、二一世紀情報革命下で展開する現実に目を向けるなら、アジアにあっては地域統合が、格差と体制の違いを逆に乗り越える動きを動力に展開する、地域統合メカニズムが見えてくるのである。しかも、そこでの地域統合は、けっして関税同盟下での「閉ざされた地域統合」ではない。逆に、自由貿易体制下の「開かれた地域統合」として発展するのである。すなわち、共同体はオープンで、かつ範囲はフレキシブルであることが大事である。ロシアや米国も分野によって加わることが必要と考えている。その開かれたアジア型地域統合のメカニズムが、九〇年代末以来ＡＳＥＡＮに先導されながら、日中韓がそれに協力することによって進み続けるようになることを目指すべきであると考える。

このように考えると、東アジア共同体は最早、できる、できないと言うレベルの議論ではなく、どうすれば早く実現できるかの段階なのである。進むべき目標を定めて、どのようなステップを踏んでいくかを綿密に設定し、進むべき道を阻む阻害要因をいかにして一つずつ減らしていくかを大所高所から考察することである。したがって、共同体の構築は、長期的で漸進的なプロセスとなることは確かである。それゆえに、関係国は、息の長い努力を行っていく必要があり、まずは経済、社会、教育・文化、環境、医療・福祉、防災などの協力から進め、最終的には政治的又は安全保障上の共同体を目指していくべきだと考える。

東アジア共同体を阻むナショナリズムの台頭

グローバルな経済的な結びつきが強まる一方で、世界的にナショナリズムが台頭してきていることは大きな懸念材料である。ウクライナ問題ではネオコンが暗躍したと言われている。また米国が９・11を契機にアフガン戦争、イラク戦争を行ったため、結果としてイスラム国なる過激な組織が誕生し、急速に勢力を拡大してきている。そしてそれに対抗して米国中心に国連決議を経ずにシリアへの空爆が行われている。テロや戦争が世界に拡散しそうな気配すらある。ナショナリズムはポピュリズムに繋がるため、しばしば政治家が自身の支持率向上の手段として用いがちであり、世界的に蔓延する大変な危険性をはらんでいる。本来はいかにナショナリズムを抑制するかが外交の極意であるのだが、なかなか機能していないのが現状である。

残念ながら、アジアにおいてもナショナリズムの蔓延が見られる。日本では安倍政権は内閣改造で右翼的な性格が一層強まった。例えば、拉致問題担当大臣を兼ねた山谷えり子国家公安委員長は、しっかりと取り締まらなければならない筈のヘイトスピーチに対して、それを許さないとの明確なメッセージを未だ発していない。彼女は在日韓国朝鮮人に対して強い偏見を持っている。まさにナショナリズムをいかに抑えるかが求められている時代に相応しくない人事と言わざるを得ない。

安倍政権は発足してすぐに、国民より国家を重視する特定秘密保護法を成立させた。この法律によって、政府が国民に知らせたくない情報は、今後一切国民の目に触れることはなくなってしまいかねない。その後、米国の戦争への参加を意味する集団的自衛権の限定的行使を閣議決定した。いくら限定的だから心配する必要はないと言われても、米国に何でも追従する日本の外交姿勢からすれば、米国から戦争に協力してくれと強く望まれれば、断れずにずぶずぶと深みに嵌ってしまうことになることは火を見るより明らかであろう。

靖国神社への参拝は、中国、韓国からの非難のみならず、米国からも歴史修正主義者との懸念を抱かれた。慰安婦問題では一時的に河野談話を見直そうとして、撤回を余儀なくされたが、河野談話の検証を行った。中国脅威論を世界に宣伝し、価値観外交との名目で中国包囲網を築こうとしている。そして米軍普天間基地の辺野古への移設を強行しようとしているばかりでなく、自衛隊の沖縄諸島への配備を強化しつつある。これら全てはナショナリズムの強化であり、本来あるべき時代に逆行する政策と思えてならない。

この結果、安倍政権が誕生して以来、今回のＡＰＥＣが開催されるまで、日韓首脳会談も日中首脳会談も行われていない異常な事態で、日韓関係も日中関係も冷え切ってしまっていた。確かに、李明博大統領時代の竹島上陸や天皇陛下に対する発言（これは後でご本人からメディアが故意に悪意ある発言に曲げて伝えたと伺ったが）や、中国の軍事費の急速な伸びなど韓国、中国に於いてもナショナリズムに起因する行動も存在している。そしてそれらが日韓、日中両関係を一層凍らせてしまっている部分もあるが、少なくとも私が首相時代には日韓、日中ともに良好な関係であったことを鑑みれば、主として日本側に問題があると考えなければならない。

この度の北京で開かれたＡＰＥＣで、安倍首相と習近平主席との間で、漸く日中首脳会談が開かれたことは、日中関係が最悪の状態からは一歩前進したと言える。しかし会談は極めて短時間の儀礼的なものであった。会談に先立ち、合意文書が出された。そこには歴史を直視して政治的困難を克服することに若干の一致を見たこと、尖閣諸島問題などで緊張が生じていることについて、異なる見解を有していることを認め、対話を通じて状況の悪化を防ぐことなどが決められている。今後の課題は、日本政府が中国政府の意を踏まえて、この文言の通りに解決を図ることが出来るか否かである。

日韓関係については、先般、森喜朗元首相が朴槿恵大統領と会談し、朴大統領も日本との関係について、慰安婦問題などの歴史問題と経済などのその他のイシューとは切り離すツートラックシステムを考えたいと発言されたとも伺っており、首脳会談は近付いてきていると考えられていた。しかしながら、産経新聞記者の大統領名誉棄損問題で前支局長が在宅起訴されたことにより、日韓関係には再び暗雲が垂れこめている。

日中間の四つの政治文書

東アジア共同体を現実のものとしていくためには、日中韓三カ国がいかに政治的課題を乗り越えていくかが死活的に重要である。これからそのいくつかを取り上げてみたい。その一つひとつが難題であるが、根本的な解決には時間を要するとしても、東アジア共同体を進める上で障害とならぬように、智恵を絞ることは十分に可能と考える。

二〇一四年六月に清華大学で行われた「世界平和フォーラム」に参加した折、主催者の唐家璇《セン》元国務委員と面談する機会を得た。その席で、唐家璇氏より重い発言があった。

彼は日中関係について、次のように述べた。

「表面的ないくつかの問題より、根源的な問題をどう考えるかだ。根源的な問題とは、日本の為政者が日中関係を敵対的にとらえるか、協力的にとらえるかである」

彼は、そしてそれは四つの政治文書の中にしっかりと記してあるので、中国は四つの政治文書を守る意思を持っているが、つまるところ、日本がその意思があるか否かなのだと述べた。

四つの政治文書とは、田中角栄首相と周恩来首相との間で交わされた「日中共同声明」（一九七二年）を皮切りに、「日中平和友好条約」（一九七八年）、いわゆる《日中共同宣言》と呼ばれる「平和と発展のための友好協力パートナーシップの構築に関する日中共同宣言」（一九九八年）、そして「『戦略的互恵関係』の包括的推進に関する日中共同声明」（二〇〇八年）のことを指す。

例えば《日中共同宣言》の中には、

「双方は、小異を残し大同に就くとの精神に則り、共通の利益を最大限に拡大し、相違点を縮小するとともに、友好的な協議を通じて、両国間に存在する、そして今後出現するかもしれない問題、意見の相違、争いを適切に処理し、もって両国の友好関係の発展が妨げられ、阻害されることを回避していくことで意見の一致をみた」

「双方は、両国間の友好協力を更に強固にし発展させることは、両国国民の根本的な利益に合致するのみならず、アジア太平洋地域ひいては世界の平和と発展にとって積極的に貢献するものであることにつき認識の一致をみた」

という文言がある。日中両国の間にはさまざまな問題が残っているが、小異を残して大同に就いて、両国の友好関係を発展させて、協議を通じて争いを適切に処理して行こうではないか。そのことが両国のみならず、世界の平和と発展にとって望ましいことだと謳っているのである。

尖閣諸島に対して、自分の意見だけを主張して聞く耳を持たないことは、この趣旨に反している。さらに中国脅威論を声高に主張して、中国を日本と価値観の近い国々とともに包囲しようとの発想もこの趣旨に反している。日本は四つの政治文書の趣旨に反する行為を行っているのではないかとの疑念を持たれているのである。

この度、日中首脳会談を前にして合意文書が交わされたが、その最初の項目が四つの政治文書の諸原則と精神を遵守することであった。中国側としてはこの基本精神が最も大切であると思い、真っ先に取り上げたのだと思うが、日本側はお題目程度にしか見ていない節がある。現にこのことの重要性を日本の大手メディアは気が付いていないのか無視している。日本政府が四つの基本文書の精神に則り、中国脅威論を振りかざすのではなく、中国との友好関係を強固に発展させていくのならば、根源的な問いに対する正しい回答が得られることになろう。

靖国参拝問題

先ほども触れたが、二〇一三年末に安倍首相が靖国参拝を行ったことが日中、日韓のみならず、米国からも大きな批判を受けた。なぜであろうか。いわゆる歴史認識の問題である。

歴史の事実は一つである。しかしながら、その歴史をどのように解釈するかという、いわゆる歴史認識に関しては国ごとに異なることが往々にしてある。ただ、歴史認識の違いと思われていることでも、しばしば歴史の事実を理解しないために生じていることもある。したがって、歴史に関する問題の解決のためには、歴史の事実を冷静に見詰める勇気を持つことがまず肝要である。そのためには、日中間で歴史の事実を擦り合わせて誤解を解くことから始める必要があるのではないかと思う。そして歴史の事実をお互いに理解した後、死後の霊への敬い方の相違などの文化の違いから歴史認識の違いをお互いに学び合い、溝を埋めることが出来れば幸いであるし、溝が必ずしも埋まらなくとも、文化の違いをお互いに理解して納得することが求められる。また、何よりも侵略された国は侵略した国への恨みを忘れないことなどを理解することが肝要である。政治指導者の独断でポピュリズムからお互いの国益が大きく損なわれることだけは、早急に避けなければならない。

日本人が祖国のために戦い、尊い命を犠牲にされた英霊に対して哀悼の誠を捧げ、冥福を祈ることは決して否定されるべきものではない。それはどの国でも同じであろう。しかしその中にA級戦犯が含まれており、日本は東京裁判の判決を認めてサンフランシスコ講和条約を結び、戦争状態に終止符を打ったので、靖国神社に参拝することは、戦争犯罪者の霊に対しても哀悼の誠を捧げることになる。日本人の感覚からは、例え犯罪者であってもその霊に冥福を祈ることに余り違和感がない。

しかしながら、侵略された側からは強い違和感があるのは当然と思う。何ごとも相手を思い遣ることが大切である。まして傷付けた相手であればなおさらのことである。中国側としては、周恩来総理のときに、一般の日本の国民は中国人と同じ被害者であり、戦争を起こしたA級戦犯だけが戦争責任があると理解しただけに、多くの同胞の命が奪われた戦争の責任者に対して、時の総理が哀悼の誠を捧げるために靖国参拝を行うのは許せないのである。侵略された側から見れば、過去の戦争を肯定していると取られても不思議ではないからである。したがって、安倍総理の靖国参拝に対して、中国、韓国のみならず米国からも強い批判があったのは当然のことだった。

総理や主要閣僚の靖国参拝は行うべきではない。哀悼の誠を捧げ、冥福を祈ることは心の問題である。もし、それを今後行いたいと思うのならば、靖国神社の方を向き、心の中で手を合わせれば良いのである。敢えて総理が靖国神社へ参拝するのは、それが国内の支持勢力を惹きつけるためのパフォーマンスという政治的な意味を持っているからであろう。

翻って中曽根康弘元総理は、一九八五年八月一五日に靖国神社を公式参拝したことで中国、韓国はじめアジアや欧米諸国からも非難を浴びたことを受けて、翌八六年八月には中国の胡耀邦総書記宛に書簡を送って「今年は靖国神社の公式参拝を行わないという高度の政治決断」を伝えるとともに、その理由として「自国の国民感情とともに世界諸国民の国民感情に対しても深い考慮を行うことが、平和友好・平等互恵・相互信頼・長期安定の国家関係を築き上げていくための政治家の賢明なる行動の基本原則と確信する」と述べた。自らの言動を自分なりの思想・心情から一方的に正当化するのでなく、その言動が相手の立場から見るとどう映っているかを「深く考慮」して居住まいを正すことができるのが、ただの政治屋ではないステーツマンたるゆえんであり、それこそが友愛の精神である。

　さらに申せば、Ａ級戦犯が合祀されて以降、今上天皇陛下は一度も靖国神社に参拝されていない。戦争の犠牲者に対して、最もつらいお気持ちを有しておられるのは天皇陛下であり、その天皇陛下さえもＡ級戦犯の合祀以来、靖国には行かれておられない。その意味において、靖国参拝は国内問題でもあるのである。Ａ級戦犯を分祀するか、無宗教の国立の墓苑を建設するか、天皇陛下が安んじて参拝されるよう、根本的な解決が急がれる。

慰安婦問題

　韓国の朴槿恵大統領の頭の中で、日韓関係を改善するための最大の障害は慰安婦問題であるようである。この問題は両国が冷静に歴史を振り返る必要があろう。

　慰安婦問題に関して、先般、慰安婦を強制連行したとの吉田証言が虚偽であったと朝日新聞が謝罪をした。朝日以外のメディアはそのことで朝日新聞を徹底的に批判した。吉田証言一つが虚偽であったことで、日本に於いては慰安婦を好むと好まざるとに拘わらず、半ば強制的に連れて行って、兵士の慰みものにした事実そのものがなかったかのような風潮すら生まれている。実際にはそのような事実には枚挙に暇がないほどであるにも拘わらず、である。一方、世界においては慰安婦問題についての日本批判が収まらなかった。そこで判明したことは、世界の常識は慰安婦の強制連行性を問うたのではなく、システムの運用や倫理性を問題にしていたということである。

ただ、日本政府は慰安婦問題について手を拱いていたわけではない。村山首相時代に政府と民間の協力でアジア女性基金が立ち上げられ、心からのお詫びの気持ちと共に慰安婦とされた方々に、官民協力の中で償い事業を行なおうとしたことは事実であり、現在、村山元首相が理事長を務める、ハングルの記述もある「慰安婦問題アジア女性基金デジタル記念館」にはかなり詳しい記述がある。ただ、私の知る限りにおいて、韓国の国会議員でもアジア女性基金の存在を良く知っている人は少ない。彼らは時の総理が慰安婦の方々に謝罪をしたことも償い金を差し上げようとしたことも殆ど知らない。両国ともに、事実を歪曲する関係者がいるために、冷静な解決が阻まれていると言えよう。

慰安婦問題の解決として、河野談話の継承は言うまでもないが、この償い事業でも満たされない方々のために何を成すべきか、両政府の協力の中で日本政府は答えを見出さなければならない。ここで興味深い調査がある。最近の日韓両国の大学生への意識調査において、「日本政府が被害者に謝罪、補償をするべきだ」と答えた学生が日本でも六四％、韓国では九八％に上っていたのである。若い人々の直感が指し示す方向を無視するべきでない。残念ながら韓国に於いては、アジア女性基金が十分に認知されぬまま、今日に至っている状況を鑑みて、日本政府としてはアジア女性基金の趣旨の事業を、民間事業としてではなく政府主導で今一度実施することにより、慰安婦問題の解決を図るべきではないかと思う。

このテーマに関連して、内田樹著『街場の戦争論』（ミシマ社、二〇一四年）の中に、傾聴に値する一節があった。

「僕たちはいまだに韓国から先の戦争中の従軍慰安婦制度について厳しい批判を受け、謝罪要求をされています。日韓条約で法的には片がついているとか、韓国には十分な経済的な補償をすませているから、いつまでも同じ問題を蒸し返すなというようなことを苛立たしげに言う人がいますけれど、戦争の被害について敗戦国が背負い込むのは事実上『無限責任』です。定められた賠償をなしたから、責任はこれで果たしたということを敗戦国の側からは言えない。戦勝国なり、旧植民地なりから、『もうこれ以上の責任追及はしない』という言葉が出てくるまで、責任は担い続けなければならない」

それが戦争と言うものなのだ。だから二度と戦争などを起こしてはならないのである。

尖閣諸島の領有権問題

日中関係の改善への最大の障害は尖閣諸島問題である。日中国交正常化以来、眠っていたこの問題が突如として浮上してきたのは、二〇一二年に石原慎太郎東京都知事が米国のヘリテージ財団での講演で「尖閣を東京都が購入する」と言い出し、それに挑発された形で野田佳彦総理が「尖閣の国有化」を決めたことによる。野田総理としては、東京都が尖閣諸島を購入したら、石原都知事が何をするか非常に心配なので、国有化の方が安全であると判断したのであろうが、この決断がウラジオストックのＡＰＥＣで野田総理と胡錦涛主席との「立ち話」会談が行われた直後であったことも拍車をかけ、中国側の激怒を誘った。中国側から見れば、「暗黙の了解」が破られたのである。

「暗黙の了解」とは何か。それは一九七二年の日中国交正常化の際に、外交文書を取り交わしたわけではないが、中国の周恩来首相と日本の田中角栄首相との間で、尖閣諸島の問題を今回取り上げるのは止めようと、事実上の棚上げが合意されたことを指す。当時の条約課長栗山尚一大使は棚上げの暗黙の了解があったと述べている。両者のやり取りは、日中首脳会談に同席した張香山「回想記」に載っている。また、中国側で通訳を務めた林麗韞中国国際文化交流センター顧問も、二人の会話の一部始終を私に述べてくれた。

かいつまんで申し上げれば、会談の最後に田中総理の方から尖閣の問題を持ち出し、周総理が今は話したくないと答えると、田中総理が北京に来た以上提起しないわけにはいかないと応じた。そこで周総理が差し迫った正常化問題を先に解決して、いくつかの問題は時の推移を待ってから話そうと述べて、両者が尖閣問題はまたの機会にしようということにしたのである。明らかに事実上の「棚上げ」という暗黙の合意がなされたのだ。

さらに一九七八年の日中平和友好条約の批准に来日した鄧小平副総理が日本記者クラブで、

尖閣問題は「一時棚上げ」にして、次の世代のより賢い人間に皆が受け入れる良い方法を見つけてもらいましょうと語った。この条約に関して鄧小平副総理と会談した園田直外相は、後の衆議院外務委員会で、「鄧小平副総理が言われたように、じっと二〇年、三〇年、今のままで通すことが日本の利益から言ってもありがたいことではないか」と言う趣旨の答弁をしている。日本側としても、「棚上げ」が国益に合致していると、当時は理解していたのである。

ところが、周恩来・田中角栄会談にしても、鄧小平・園田直会談にしても、日本の外務省の会談記録では、尖閣に関する部分が削除されていたり、あいまいにされていたりして、事実上の改ざんが行われている。この責任は極めて重い。結果として尖閣問題の肝腎の部分があいまいとなり、両者の不信の原因となっている。

なぜ尖閣諸島の領有権は「棚上げ」にしなくてはならないのか。それは日中両国の主張が異なっているからである。日本は一八九五年一月、日清戦争の末期に「無主地先占」の法理により尖閣諸島に国標を立てることを閣議で決め、領有を決めた。しかしその閣議決定は敢えて官報に載せなかったので、海外はおろか、日本のメディアも報道しなかった。尖閣諸島が古来琉球王国の版図に含まれなかったことはみなの認めるところだが、台湾も中国も、「無主地」ではなく、自国の版図だと主張しているのである。「無主地先占」の法理自体も、植民地争奪戦時代の遺物であり、現在強く主張すべき理論ではないが、最初の主張の違いはここにある。

また、日本は戦争に敗れてポツダム宣言を受諾した。そこでカイロ宣言も認めることとなった。カイロ宣言には「満州、台湾、澎湖島のごとき清国から盗取した一切の土地を中華民国に返還せよ」と書かれている。日本はそこには尖閣諸島は明記されていないと主張するが、中国としては、尖閣は台湾割譲の一環であるし、「ごとき」の中に含まれていると主張する。こっそり閣議で決めたことを盗取とみなし、返せと主張しているのである。

さらに日本は一九五一年にサンフランシスコ講和条約の中で返還すべきとされたのは台湾、澎湖島であって、尖閣諸島は入っていないと言う。しかしながら、中国はサンフランシスコ講和会議を拒否しており、会議に加わっていない。

実際には日本は尖閣諸島を実効支配している。そして今述べたように、日中間の主張には根本的に大きな違いがあるのであるから、日本は尖閣諸島の領有権については意見の違いを認め、一九七二年の「棚上げ」の事実上の暗黙の了解まで戻ることによる不都合は何ら生じない。

ところが、日本政府は尖閣諸島に領土問題は存在しないの一点張りである。これでは取りつく島がない。日本政府としては、素直に尖閣諸島は係争地であることを認めて、実際には後世の賢者の智恵に委ねるべく「棚上げ」にすることが望ましいと思う。漸く、北京でのＡＰＥＣ前の合意文書で、尖閣諸島問題で両国が異なる見解を持っていることが認められた。文言を素直に読めば、日本政府が尖閣諸島は係争地であることを初めて事実上認めたと理解するのが常識的である。そして対話と協議によって解決せよと言っているのだから、その間「棚上げ」を認めたのである。確かに微妙な言い回しの部分もあるが、けっして懸案を後戻りさせてはならない。もし日本政府が領土問題は存在しないという従来の主張に戻るのであれば、安倍総理は単に甘言を弄して日中首脳会談の開催を自らの解散総選挙に利用しただけと解釈されるであろう。そして、日中関係はより一層不透明になってしまう。

いずれにしても、領土問題はナショナリズムを掻き立てやすいものであるので、解決されるまでの間、一触即発的な事象が生じないために、両者が自重して行動することが何より肝要である。とくに、領土問題に関しては、実効支配している側が挑発的な態度を取ることは決して望ましくない。

二〇一二年の八月、台湾の馬英九総統は争いを棚上げして平和的な手段で問題を処理するよう「東シナ海平和イニシアチブ」を提起した。傾聴に値する提案と評価したい。

北朝鮮問題

北朝鮮を抜きに東アジア共同体を完成させることはできない。しかしながら、現在のように核やミサイルの脅威を周辺国に与えながら、完全に共同体の仲間入りを認めることも難しいであろうし、北朝鮮自身も望んではいまい。そこで私は朴槿恵大統領が提起している、南北が出来るところから信頼醸成を図る趣旨の「韓半島信頼プロセス」は東アジア共同体のためにも大当たりと申し上げたい。仁川アジア競技大会の閉会式に出席することを名分に北朝鮮の最高位級の要人が韓国を電撃的に訪問したことは記憶に新しい。これを契機にまずは南北対話の定例的な開催を期待したい。そして二国間で辛抱強く対話を重ねることだ。友愛の精神で、お互いに相手の意見に耳を傾けながら、自制しつつ議論を続けてほしい。そして二国間で出来る分野での協力から進めていくことが肝要である。さらに、既にスポーツへの参加は行われているのであるから、東アジア全体としても、北朝鮮との協力を、文化やスポーツ、防災、医療などの比較的協力しやすい分野から始めることである。経済、環境、エネルギー、教育へと展開しながら信頼醸成を図って行くことは十分に可能性のあることではないかと思料する。最後は安全保障まで導いていく手法が望ましいが、そのためには北朝鮮が核兵器を手放さない限り実現は難しい。それには南北対話を通じて、六カ国協議の再開が図られなければならない。

米国の懸念

私が民主党代表になり『Ｖｏｉｃｅ』誌に東アジア共同体構想を発表したとき、米国の一部の識者から、この構想は米国をアジアから排除する考え方であると批判を受けた。オバマ大統領がアジア市場への積極的な展開を期待していたのは事実であり、もし私の構想が米国を東アジアから排除するものであれば、その懸念は尤もであったと言えよう。

しかしながら、私の東アジア共同体構想は全く米国を排除するものではないことは、先に述べた通りである。私の構想は排他的、閉鎖的な共同体ではなく、オープンで且つフレキシブルな共同体を念頭に置いている。即ち、分野によっては米国、ロシア、モンゴルなどの国々に開かれており、また、共同体の中が高い関税障壁で外部から守られているような類の、古い共同体とは性格を異にしている。アジア型開かれた地域統合を考えているのであり、米国が排除されるなどと言った懸念は全くの杞憂と申し上げたい。

３　既存の共同体とその活用

具体的な分野別共同体

ここまで東アジア共同体の行く手を阻むいくつかの障害を取り上げた。そして、それらの解決への道筋についても述べてきた。東アジア共同体を進めていくためには、その障害を取り除くことと同時に、車の両輪として共同体を前進させる方策を具体的に示していくことが必要である。

既にＡＳＥＡＮ統合を前にして、ＦＴＡ網を軸にした通商共同体、貿易と投資を金融面で支える金融共同体、そして域内インフラ整備を軸にした開発共同体、この三つの地域協力の制度化が地域共同体形成の動きとして展開をされている。それでは東アジア共同体を構成するもう一つの核である日中韓三カ国を軸に、どのような具体的な分野別の共同体が可能であるか検討していきたい。日中韓の間に共同体が構成されれば、ＡＳＥＡＮ＋３への拡張はさほど困難なことではない。さらにインド、オーストラリア、ニュージーランドを加えてＡＳＥＡＮ

＋６からなる東アジア地域包括的経済連携（ＲＣＥＰ＝Regional Comprehensive Economic Partnership）への道も展望が開けてくる。逆に言えば、日中韓の間に大きな不協和音が存在する間は、東アジア共同体は望むべくもない。

経済共同体

ＡＳＥＡＮは二〇一五年に経済統合がなされることになっている。日中韓三カ国はそれぞれＡＳＥＡＮとの間で自由貿易の仕組みが作られている。したがって、日中韓三カ国の間でＦＴＡが成立すれば、ＡＳＥＡＮ＋３の間にＦＴＡを成立させるのは容易である。そしてそれが東アジア共同体の核となる部分を構成する。先に触れたように、日中韓三カ国は産業構造がお互いに補完的であり、オーガニックに繋がっているので、ＦＴＡが成立すればお互いにウィン・ウィンの関係となり、共同体の意義は極めて大きなものと考えられる。実際、日中韓ＦＴＡの交渉は始められていた。しかし、日本が米国との関係を重視してＴＰＰ交渉を先行させるようになり、日中韓交渉に日本が熱意を示さなくなった。その間に中韓の間でＦＴＡが結ばれることとなって、日本だけが一人取り残されてしまった。

ＴＰＰは例外なき関税撤廃を原則としているため、それぞれの国の経済的に弱い産業を直撃する。また、国民皆保険などの日本の良き制度も破壊されかねない。そこにはお互いの違いを尊重すると言う友愛の理念は存在しない。自由は尊重されねばならないが、全て自由貿易に任せると言うのでは、国民の命と財産を守るべき国家とは何かということになる。それに対して、ＦＴＡはそれぞれの国の事情を勘案しながら自由貿易体制を深化させようとするものであるから、国によって保護すべき産業や制度を維持させつつ貿易の国際化を図ることができる。友愛の理念が生かされているのである。即ち、共同体の理念にＦＴＡは合うが、ＴＰＰは合わないということである。日本政府がＴＰＰを断念して、ＦＴＡに戻ってくることを切望する。それこそ日本が進むべき道であるからである。

金融共同体

東アジア共同体構築において、共通通貨の問題は重要である。すなわち、一九九七―九八年に起きたアジア通貨危機を再び起こさないためにも必要である。

アジア通貨危機が起きたとき、進藤榮一教授によれば、アジアに共同体の意識が芽生えたと言う。このときアジア版国際金融機関構想が生まれたが、米国やＩＭＦの反対に遭って挫折した。ただ、金融グローバリズムのリスクに対抗するために、共同作業で域内通貨融通措置（チェンマイ・イニシアティブ、ＣＭＩ）が誕生したのである。その後もＣＭＩを実効あらしめるためにさまざま強化拡大してきた。そしてアジア域内の経済を監視するシステムが創設され、さらには「アジア通貨基金」構想も合意がなされた。

しかし、現段階で一足飛びにアジアにユーロのような単一通貨を作るのには無理がある。アジア共通通貨の構想は、ユーロのように、マルクやフランという国内通貨をなくして単一通貨を創出することではない。あくまで、各国の国内通貨が維持され、各国が財政のみならず金融・為替政策を維持したまま、域内の為替レートの軽減を目指して、元やドルや円などの通貨バスケットからなる「共通通貨構想」を考えるべきであろう。欧州になぞらえれば、ユーロの前段階のＥＣＵ（欧州通貨単位）を作る提案である。ＥＣＵに倣いＡＣＵ（アジア通貨単位）と呼ばれている。

また、北京でのＡＰＥＣにおいて中国はアジアインフラ投資銀行（ＡＩＩＢ＝Asian Infrastructure Investment Bank）構想を提案した。この提案は突如出てきたものではなく、以前から構想されていたものであり、インフラが未だに十分ではないＡＳＥＡＮ諸国を中心に、交通網などインフラ整備の進捗を目的として設立されるものである。中国としては日本の資本参加を強く求めているが、日本政府はアジア投資銀行（ＡＤＢ）があり、屋上屋を重ねるものだとして、米国とともに慎重な態度をとっている。日米が他の国々にも出資を控えるように圧力をかけているとの話も聞く。確かに設立の目的など世銀やＡＤＢとの役割分担を図る必要性や透明性の確保などの問題があるとは思うが、中国に協力するのは嫌だなどと言う狭い了見でなく、ＡＳＥＡＮのインフラ整備に日中が協力する姿を演出するためにも、日本はＡＩＩＢに資本参加することが望ましいと私は考える。

教育共同体

言語の障壁は存在するが、教育は国境を超え易い。初等教育に関しては、ラオス、カンボジア、ミャンマーなどの途上国の学校が無い地域に、日本人の資金協力で小学校を建設する活動は活発に行われている。ベトナムなど先進国の技術を習得しつつ発展を遂げている国に対しては、人材育成機関として日本の高等専門学校のシステムを導入することが最も効果的であると信じている。このように国家の発展段階によって差異はあるが、日中韓三カ国が協力して、ASEANの教育支援を行うことは、ASEAN地域を豊かに導き、ひいては東アジア全体を豊かに導くために望ましい協力であると思う。

高等教育に関しては、私が日中韓サミットにおいて提案したキャンパスアジア構想が、漸く軌道に乗って動き始めたことは誠に意義のあることだ。キャンパスアジア構想とは、一言で表現すれば、アジアが一つの大学のキャンパスとなるシステムである。そこまでの道のりは遠いが、現在は共通する講義内容に関して、日中韓三カ国のそれぞれの大学の学科間で学生が取得した単位の互換性を認めることからスタートしている。まだ日中韓の一〇大学間、即ち延べ三〇大学でスタートした程度であるが、ゆくゆくは講義内容を幅広く認め、学科全体から学部間へ、そして大学間へと広げ、一〇大学間をより多くの大学の参加に広げ、さらに日中韓三カ国からASEANへも拡張するようにしたい。大学生たちが国境を意識せずに学ぶ環境が整えば、国境の存在によって生み出されている領土問題などの懸案も、彼らの意識の中のより低位の問題と解釈されるようになり、彼らの新しい発想によって、解決へと動いていくのではないかと期待する。

なお、教育共同体こそ東アジアという枠内に留めておく必然性はない。例えば、キャンパスアジア構想に参加を希望する全ての国に開かれるべきだと私は考える。先般、モスクワ大学のサドーヴニチ学長にキャンパスアジア構想を話したところ、是非モスクワ大学も加わりたいとおっしゃっていただいた。ロシアは地理的にアジアに属している地域もあり、学問も進んでおり、近い将来に加わっていただくことが、キャンパスアジア構想の価値を高めることにもつながると思料する。

また、米国の大学を核として、誰でもインターネット上でいつでも無料でどの講義も取ることが出来る大規模公開オンライン授業、ムーク（MOOC = Massive Open Online Course）が広がりを見せている。二〇一二年にスタンフォードの教授が中心になって設立したムークのサイト「コーセラ」は六〇〇万人の会員を抱えていると言う。私はキャンパスアジア構想の中にアジア版ムークを導入すべきであると思う。ムークの展開がどこの大学を卒業したかと言う学歴より、何を学んだかをより重視する時代を切り拓いていくのではないか。新しい時代の流れに乗ってアジアが発展していくためには、学歴偏重を脱却して、必要な人材を育成し登用する社会に変革していかねばならない。

何を学ぶかという観点であるが、今日における世界の政治、経済、社会がいまだに世界の人々に平和で心豊かな生活を保証できていないのは、教育の失敗によると説く者は多い。一方、中国には二千年以上もの昔から、孔子、孟子、老子、墨子など、倫理、道徳を説く高名な思想家が多くおり、伝統文化を形作っている。その中には、親孝行とか、兄弟愛、師弟愛とか、友愛とか基本的な人間としての生きざまを説いているものが多い。ところが最近の中国は、文化大革命を経たこともあり、必ずしも子どもたちが伝統文化を学ばずに育ってきている。むしろ日本や韓国に儒教文化の一部が残っていたりもしている。今、習近平主席は中国伝統文化を見直そうとしているが、私は日中韓の古来の伝統文化を見直し、日中韓の子どもたちに、そして東アジア全体の子どもたちに、伝統文化の重要性を学ばせることがとても重要な教育であると信じる。そのようなことが可能な仕組みを是非創りたいものである。

文化共同体

文化芸術は書道、絵画、陶芸、芸能、映画、音楽、アニメ、スポーツ、服装、料理などの分野において、アジアの共通性を楽しみ、また相違性をもさらに楽しめる、共同体を形成しやすいジャンルである。

私は二〇一〇年五月の国際交流会議「アジアの未来」において、次のような提案をした。「毎年、持ち回りでアジアの芸術都市を定め、そこで様々な文化活動・芸術活動を催し、東アジアの多くの方の参加を仰ぐ、そんなプロジェクトを展開できないかと、ここに提案いたします。芸術創造都市で多様性の発揮と融合を積み重ねることで、文化の共同体の基礎を創ることが出来ると思うのです。最初の『東アジア芸術創造都市』が近いうちに誕生するよう、我が国は先頭に立って支援をするつもりです」

私が提案したこの構想は、東アジア文化都市構想として二〇一四年から稼働し始めている。今後は毎年日中韓三カ国で三都市を選出し、多彩な文化芸術イベントを開催することになっている。未だに認知度は必ずしも高くはないが、このイベントを通じて、アジアの一体性と国ごとの個性を多くのアジアの人々に感じていただくことは、大変に意義のあることと信じている。さまざまな分野で民間レベルの文化交流を積極的に行うことが共同体の意識を高めることになる。

かつて官邸で崔相龍元駐日韓国大使と面談した際に、日中韓三カ国で常設のオーケストラを創設することが出来れば、三カ国はもっと仲良くなれるのではないかという夢のある提案をいただいた。日韓関係は政治的には極めて冷えているが、最近、韓国の鄭義和国会議長にお会いしたとき、この話がいまだに生きており、韓国側は努力を始めていることを知り嬉しかった。政治的に冷えているときだからこそ、日本も協力してこの夢を実現したいものである。

アジアには「和を以て貴しとなす」文化がある。西洋には何事にも一かゼロ、勝者か敗者、自然対人間など分析的であいまいさを残さずに決着をつける文化がある。とくに米国では「正義」と「悪」の二元論に傾きがちで、「正義」は「悪」を撃破すると喝采を浴びる。ただ、議論は徹底的に相手を論破するまで続けるが、論破した後にこやかに握手ができる。それに対して東洋では、「和」即ち協調性を尊ぶ。お互いに相手を徹底的に論破することを好まず、適当なところに落としどころを見出そうとする。相手の文化を認めて融合を図ることに長けている。それぞれに一長一短があり、例えば医療分野では、西洋では病気を治すための人類に共通の対症療法的な医学が発展し、東洋では一人ひとりがいかに病気にならずに健康であるかと言う未病医学を得意としてきた。私は東アジアが共同体を創ろうと試みるとき、相手との協調性を大事にする、この「和を以て貴しとなす」文化が有効に機能するのではないかと思うのである。西洋以上に東アジア共同体が時間を要せずに成立する可能性があると思う所以である。

エネルギー共同体

日本は二〇一一年三月一一日の東日本大震災の地震とツナミによって、福島第一原子力発電所がチェルノブィリよりも深刻な未曾有の事故を起こした。政府は因果関係を未だに明らかにしていないが、福島県を中心に子どもの甲状腺がんが多数発生してきてもいる。放射線被害はさらに拡散する恐れがある。福島第一原発のみならず、全ての原発施設の安全性の確認作業を行っている現在、日本の原発は全て停止しており、一基も稼働していない。政府は原発の再稼働を急いでいるが、天然ガスなど他のエネルギーへの転換を行うことによって、原発を稼働させずとも電力は賄われており、多くの国民は原発を再稼働させることを望んでいない。この事故が起きるまで、私は原子力発電は過渡的なエネルギーとして、暫くの間は日本に必要なエネルギーと考えていた。そして日本に事故が起こるとは想像もせず、逆に原発はCO_2削減には効果的なエネルギーとも考えていた。まさに汗顔の至りである。しかしながら、現実に大事故は起きた。そして結果として、このような甚大な被害を地球上の生物に与えてしまった以上、地震大国日本は一刻も早く、脱原発に向かうことが道徳的な正義である。

一方でアジアには中国、インド、ベトナムなど、当面原発に頼らなくては必要な電力が供給できない国も存在している。それらの国々にも原発の危険性を伝えることは、日本の責務であるが、それらの国が国家として原発を建設すると判断するならば、いかにしてより安全な原発が建設されるかが極めて重要となる。日本の原発の技術力は世界のトップクラスであることは間違いない。例えば、原発施設の中でも核となるのは圧力容器であり、日本のシェアは一時八割に達すると言われていた。もし日本が国内で原発を新設しないことになったとしても、その結果、日本の技術力が失われることになれば、世界の原発の安全性に影響をもたらしかねない。したがって、日本の原発の技術力の維持を図るために、また、アジアの原発施設の安全性を高めるためにも、東アジア原子力安全共同体を組織して、東アジア全体で原子力施設の安全性を高める仕組みを構築することを提案する。日本がいかに早く脱原発を実現するかは、政治的な意思と技術的な可能性による。後者は再生可能エネルギーの普及の迅速性であるが、ソフトバンクの社長で自然エネルギー財団の会長である孫正義氏が３・11の直後から実に興味深い提言水力などの再生可能エネルギーを国境を超えて送電線で日本に運ぶ計画である。

モンゴルのゴビ砂漠の自然エネルギーのポテンシャルは、試算によれば、風力で八一〇〇ＴＷｈ／年、即ち、日本の年間消費電力の八倍、太陽光で四八〇〇ＴＷｈ／年、即ち、日本の年間消費電力の四倍と言われている。合わせて世界の総発電量の七割が眠っていることになる。モンゴル、日本、中国、そして韓国を中心とした東アジア諸国が協力して、ゴビ砂漠を自然エネルギーの供給基地にして、東アジア全体に送電網を張り巡らし、電力供給の安定化を図ろうという壮大な発想がここに生まれる。現在、モンゴルではフィージビリティスタディ（採算可能性調査）が行われている最中である。勿論、その他の地域でも、風力、太陽光、地熱、水力、バイオなどの自然エネルギーの可能な地域では、送電網を通じて電力のやり取りが可能となる。とくにロシアの極東、シベリア、サハリンは石油、石炭、天然ガスの他にも水力発電の宝庫である。この地域も自然エネルギーの供給基地として極めて有力である。さらに私は、内モンゴルの四割を占めている砂漠や砂漠化した大地にも植林活動と併せて大規模な風力発電施設と太陽光発電施設の建設を行うことを薦めたい。砂漠化した地域でエネルギーを自ら生産することが出来るようになれば、過伐採や過放牧に歯止めがかかり、環境に配慮したスマートシティの建設もより積極的に行われるようになる。そして、余剰の電力は送電網を通じて売ればよい。

アジアスーパーグリッド構想に対して、安全保障上の問題が指摘される。しかし、タンカーやパイプラインで運ぶのも安全保障上の問題が無いわけではない。既存の設備に加えて送電網を張り巡らせば、むしろエネルギー安保の向上に資すると考えることもできよう。そして、東アジアがエネルギーで運命共同体となることによって、むしろこの地域の紛争は起きにくくなると思われる。

また、送電網の設置、とくに国際海底ケーブルの設置は困難ではないかとも指摘されている。しかし、欧州ではすでに国際連携のケーブルは稼働しているし、サハラ砂漠を舞台にするデザーテック構想も進捗しており、スペインとモロッコの間で四〇〇メガワットの海底ケーブルが二本設置されている。東アジアでも決して出来ないことはない。

先般、ホロシャビン・サハリン州知事と面談した折に、アジアスーパーグリッド構想に対してプーチン大統領は強い関心を持っているとの話があった。そして、むしろ難題は日本の電力会社が送電網を拡充することに抵抗していることにあるのではないかと、鋭い指摘を受けた。まさにその通り、現在の最大のネックはそこにある。電力会社は原発へのこだわりがいまだに強く、自然エネルギーを多量に引き受けることに抵抗している。もう一つのネックは、日本は島国で、未だかつてエネルギーを海外から送電線で運んだ経験が無く、したがって、何らかの法律の整備が必要となることである。しかしながら、この壮大な構想は東アジアを運命共同体にする最も望ましい計画であり、各国が前向きに協力をすることが強く求められる。

環境共同体

「ＡＰＥＣブルー」。ＡＰＥＣのときの北京の青空を指すのだそうだ。北京ではＡＰＥＣが行われたとき、近くの工場は休止し、一般の人々は休日となり、交通規制も行われた結果、上空には青空が広がっていた。

私はＡＰＥＣの直後にもまた北京を訪れた。釜山から北京空港に近づくにつれて、飛行機は濃い霞がかかったような状態の中を飛ぶこととなり、空港に着陸できるか心配なほどであった。「ＡＰＥＣブルー」は見事に消えていた。工場からは煙が立ち上り、交通渋滞はなお一層ひどくなっているように感じられた。

日本もかつては公害大国であった。高度経済成長期に水俣病、イタイイタイ病、四日市ぜんそくなどの深刻な公害病が発生した。これらの公害は大気や土壌の汚染、また水質汚濁などを起因とし、いまだ理不尽な公害の後遺症で苦しんでおられる方々も多いが、政府の取り組みや企業の努力によって、公害に対する意識はかなり改善された。このような公害先進国のさまざまな経験を、アジアの発展途上の国々に伝えて、東アジア全体が協力して助け合いながら公害から解放される地域にしていくことは、日本の務めではないかと思う。

北京の大気汚染の状況はまさに現在最悪と言えよう。ＰＭ２・５の水準は多くの北京市民がマスクをして歩いていることを見ても、許容範囲を超えていることは明白である。そしてＰＭ２・５の影響は中国に留まらず、国境を越えて韓国や日本などの周辺国にも及んでいる。中国の国内問題では最早ないのだ。この北京の大気汚染の原因は複合的で、中でも旧式の石炭火力発電と車の排気ガスが主犯格と言われている。一方、日本の石炭火力発電の効率性は世界最高の水準である。別の角度から見れば日本の石炭火力のCO_2排出量削減の技術は世界最高水準であり、日本の最高水準の技術が中国などの遅れた石炭火力に導入されることになれば、年間一四億トンのCO_2排出削減になると言われている。日本の二〇一二年の年間CO_2排出量が一三億四一〇〇万トンであるから、日本の石炭火力の技術を中国に導入することによって、日本の年間排出量以上のCO_2が削減されることになる。石炭火力における日中協力は焦眉の急である。自動車の排ガス規制に関しても、日本は厳しい規制を行っている。さらに、ハイブリッド車、電気自動車、水素自動車の開発には日本は一日の長がある。「APECブルー」から「北京ブルー」への転換に、積極的に日本は協力すべきである。

さて、中国の森林は国土の一六・五五%を占めているが、三四三六㎢の面積で毎年土地の砂漠化が進行している。それは日本の一%弱の面積に当たる。これによって、約四億人が直接的な被害を受け、経済的な損失は約七六〇〇億円にも上ると言われている。さらに、洪水や土石流の災害によっても、毎年約一億人が被害を受け、経済的な損失は約一兆円にも上る。砂漠化防止や土壌流出防止は中国にとって、大変に重要なテーマである。

この大きなテーマに対して、中国自身も植林事業などに力を入れているが、日本も中国各地で円借款事業として、植林事業や砂漠化防止事業、そして生態環境総合事業を行ない、中国の砂漠化防止や土壌流出防止に積極的に協力している。私が理事長を務めている日本友愛協会も友愛精神の下、二〇〇〇年から毎年中華全国青年連合会と連携して、中国において植林活動を行っており、三峡ダムの周辺から始めて、二六回の植林活動により、植林面積は現在までの合計で三〇〇〇ヘクタールに及ぶ。日中の若者たちが協力して植林に汗を流すことによって、お互いの親近感が増すことや、地球環境問題に対する意識を養うことが出来、誠に有意義である。

地球温暖化など地球環境問題は一国で解決できるテーマではない。そして地球上に存在する最も深刻な問題である。この地球環境問題に日中が中心となり、東アジア諸国が協力して立ち向かうことは死活的に重要と思われる。東アジア諸国間に横たわる領土問題のために、グローバルな課題への挑戦が遅れることになれば、本末転倒であろう。一刻も早く東アジア環境共同体が形成されることを切望する。

安全保障共同体

東アジア共同体においても、共同の安全保障の枠組みが成立し、もって地域における不戦が達成されることが究極の目的である。

東アジア諸国間における緊張はとくに海洋権益を巡って存在しているが、いくつかの前向きの提案がなされてもいる。特筆すべきは先に申し上げた台湾の馬英九総統の提案した「東シナ海平和イニシアチブ」である。これは、東シナ海の緊張を和らげるために、関係国に自重を呼び掛け、争いを棚上げし、平和的手段で争いを処理し、東シナ海の行動規範を作って、資源の共同開発のメカニズムを構築し、東シナ海の平和を確保しようとする提案である。この提案に尖閣諸島問題を抱える日中両国はもっと真剣に耳を傾けるべきであろう。

また、南シナ海においても中国とベトナム、フィリピンなどが領有権を争っている。南シナ海問題については、中立的な立場を表明しているインドネシアと中国の間で、二〇一三年五月に外相協議が行われて、「法的拘束力を持つ行動規範」を議論する「賢人会議」の設置で合意している。しかしながら、未だに実質的な協議が行われていない。その間に、既にベトナムと中国の間で西沙群島を巡って衝突事件が起きている。ASEAN諸国は中国がこの海域で資源探査への着手を発表したことに対して、「地域の安定を脅かすもの」として、中国を非難すれば、中国は「実効支配をしている中国の主権の下にある海域であり、ベトナムの妨害活動が緊張の原因」であるとして、ベトナムを非難している。このような非難合戦は問題の解決を遠ざけるのみであり、今こそ冷静に「賢人会議」を設置して、実質的な協議を始めるべきではないか。そして、「法的拘束力を持つ行動規範」を作成する「賢人会議」に日中韓三カ国及び可能ならば台湾を加えて、東シナ海も含む「賢人会議」としたらいかがであろうか。必要ならば米国とロシアを加えても良い。

北朝鮮の核開発やミサイル問題を協議する場としては、既に南北朝鮮に日中そして米ロを加えた六者会合が設けられているが、暫く開かれていない。二〇〇七年三月に第六回会合が実質的な協議に入れないまま休会になったのが最後である。その後、二〇〇九年から数次にわたるミサイル発射事件を北朝鮮は繰り返している。さらに二〇〇九年、二〇一三年と核実験を実施している。さらに、金正恩体制になり、金正日前総書記の実の妹を妻とし、実質ナンバー２の実力者張成沢氏が非情な方法で処刑されたこともあり、中国と北朝鮮との関係は冷えてきている。したがってここは韓米が中心となり、北朝鮮との協議の場を復活させる必要がある。即ち、核兵器を捨てることが北朝鮮の経済発展のために、死活的に重要であることを認識させるべく、六者会合の開催にこぎつけるべきである。同時に日本は原爆被爆国の責務として、世界の核兵器廃絶の先頭に立って行動すべきである。この六カ国は、東アジア安全保障共同体を実現していく過程での核となる六カ国である。それだけに六者会合の開催が待たれる。

このように安全保障に関わる既存の協議機関や提案がいくつも存在しているので、これらの実現を図りながら、東アジア全体に、まずは欧州における欧州安全保障協力機構（ＯＳＣＥ）のような早期警戒、紛争予防、紛争後の再建といった面に重点を置く新しい機構を立ち上げ、緩やかな形からスタートさせることが現実的かつ適切であろう。

将来的には東アジア地域の集団安全保障体制ができることが、地域の安全保障の仕組みとしては理想と考える。しかし、その際には、その機関が集団的安全保障活動の一環として、東アジアの警察軍的な行動を行う場合、その国が参加する軍事組織の指揮権をその機関に委ねることになるため、主権の一部をその機関に移譲することになる。そのためには日本では憲法の改正が求められる。したがって、理想的な集団安全保障の機構を設立することは、それぞれの国にとって容易な作業ではなく、かなり時間を要することになろう。しかしながら、理想の夢は常に描いておくことが大切である。

4　平和の共同体を

東アジア議会の創設を

国家と国家、国民と国民が紛争を解決し、仲良くしていけるために最低限必要なことは、話し合える場があることである。話し合いながら、自説を説く一方で相手の主張にも耳を傾けることである。そして友愛の精神でお互いに意見の違いがどこにあるかを理解し、違いを認め合い、相互扶助の心で解決への道を見出すことである。

政府間で紛争事案が生じると、政府間の緊張が高まり、しばしば政府間で交渉する場を見いだせないまま時間ばかりが過ぎていく。ようやく北京でのＡＰＥＣで日中首脳会談が曲がりなりにも開かれたが、尖閣諸島問題や靖国参拝問題で二年余りの間、首脳同士が会談することができなかったことで、両国の国益がどんなに失われたことか。日韓関係に至っては未だに安倍・朴首脳会談の見通しすら立っていない。このようなときに、民間同士の窓口が開いていれば、緊張関係をほぐすことが出来るし、また解決への道を模索し提示するごとさえ可能となることもあろう。

そこで私は東アジア議会の創設を提案したい。東アジアの国民同士が常に議論できる場を創ることである。東アジア諸国間での共通の課題や懸案事項を議論し、協力の絆を強めて緊張関係が高まることを抑え、紛争を未然に予防するシステムとして、各国から何らかの方法で民間の議員を選出して常設の会議体を作ることである。

メンバーはできる限り柔軟に考えるべきであり、最初はASEAN一〇カ国に日中韓三カ国を加えた一三カ国からスタートしたら良いかと思う。そして、インド、豪州、ニュージーランドを加えた一六カ国に拡張することは極めて自然だし、モンゴル、ロシア、そして米国の加入も十分に考えられよう。さらには、適当な時期が来たら北朝鮮も加えるべきだし、国家ではなくとも、台湾、香港、澳門なども視野に入れることも必要かと思う。東アジア共同体構想と同じく、オープンでフレキシブルな対応が成功の鍵であろう。

沖縄を平和の要石に

東アジア共同体の構想を進めていく際に、どこに拠点を置くか、議論が分かれるかもしれない。それは東アジア議会の創設が前向きに議論されていくとき、どこに設置すべきか、ということにもつながる。そこで私は沖縄を推薦したい。

沖縄はかつて琉球王国という独立国であった。とくに一四～一五世紀には、東シナ海の中継貿易の拠点として琉球は栄えていた。西は中国、南はフィリピン、ベトナム、タイ、北は九州、近畿地方、そして朝鮮半島に至る広大な東アジアの貿易の拠点として華々しく繁栄を遂げていた琉球は、いわゆる「万国の津梁」、世界の懸け橋としての役割を果たしていたのである。

ところが、琉球が沖縄となり、日本にとって辺境の地である沖縄は太平洋戦争末期において、本土防衛の捨石となり、その後も国土の〇・六％の面積でありながら、七三％の米軍基地が集中する軍事力の要石としての役割を担わされ続けている。一国の土地に他国の軍隊が居続ける状況は、独立国としては極めて異常なことである。

政治的に不安定なイラクでさえ、独立国の矜持として、米軍の撤退を求め米軍は撤退した。それは独立国としては当然の要求である。それは日本も例外ではない。そこで私は旧民主党結党のときから、「常時駐留なき安保」を主張していた。米軍には日本有事の時のみ日本支援のための協力を求め、自衛隊などの日本の施設を使うこととし、平時には米軍は駐留しない安全保障のことである。

平時に米軍が駐留しないのならば、日本の自衛力、軍事力を格段に強化しなければならないと思われるかもしれないが、そうではない。軍事力を強化するのではなく、近隣諸国とより良好な関係を発展させて、東アジア全体の緊張感、脅威を減衰させることによって「常時駐留なき安保」を成り立たせるのである。

鳩山政権が誕生した時に、普天間飛行場の移設先を「できれば国外、最低でも県外」と主張していたのは、その第一歩と考えていたからである。私自身の力不足で、「最低でも県外」が満たされず、普天間の移設先が再び辺野古に舞い戻ってきてしまったことで、沖縄の怒りを買ってしまったことは当然であったと懺悔する次第である。ただ、そのことで沖縄の島ぐるみ運動が燃え上がり、辺野古への移設に反対する翁長知事の誕生を見たことは嬉しい限りである。沖縄が軍事力の要から解放される礎石が造られたと言えよう。

沖縄を軍事力の要石ではなく平和の要石にしたい。沖縄が東アジアの協力のシンボルとして東アジア共同体の拠点となれば、まさに沖縄は平和の要石となる。それは地理的にも歴史的にもふさわしい。国際的な組織を作ろうとするとき、どこに本部を置くかがしばしば論争の種となり、組織の結成が難航することが多い。

東アジア共同体構想に関して言えば、当然中国や韓国、またＡＳＥＡＮ諸国からも本部の候補が挙がって来るであろう。或いは日本でさえ、沖縄でなく東京へなどと言う声が上がるかもしれない。しかし、軍事力の要石から「万国の津梁」として平和の要石になると言うメッセージ性を持った地域は、沖縄を措いて他はない。そして、そのメッセージは東アジアの他の国々にも歓迎されると固く信じている。

日本が尊敬される国となるために

日本、否、世界は今、重大な岐路に差し掛かっている。冷戦に終止符が打たれて四半世紀経ち、今再び「新冷戦」時代に突入するのではないかと言われている。二〇一三年末から翌年初頭にかけて、ウクライナにおいて、親ロ派のヤヌコビッチ政権に対する反政府デモが起こり、欧米、とくに米国が反政府デモを支援することにより、「マイダン革命」でヤヌコビッチ政権が倒され、反ロシア派の政権が誕生した。

これに対してロシアは反発し、元々ロシアの一部であったことでロシア人が多数住んでいるクリミアでは、住民投票によってロシアへの編入が決定された。欧米諸国はクリミアのロシア編入を認めず、経済制裁を発動した。また、ロシアはG8から除外された。ウクライナ問題を契機に、温度差はあるものの、欧米vsロシアの緊張関係が続いている。

日本が欧米諸国に倣い、ロシアへの経済制裁に加わったことは先に述べたとおりである。制裁の内容は欧米に比べて強いものではなかったが、北方領土問題を進展させたいと願っている日本が経済制裁に加わったことが、ロシアを失望させたことは当然であろう。

英国でスコットランド独立を巡って住民投票が行われたように、クリミアの帰趨はクリミアの住民が決定するのが民主主義であり、クリミアの住民がロシアへの編入を求めたのであるから、その結論は重視すべきであると信じる。中国は毅然として、経済制裁に加わらなかったし、韓国も同様の振る舞いをした。なぜ日本は米国の求めに唯々諾々と応じて、やりたくもない制裁に加わったのか。ロシアにエネルギーの三分の一を依存しているヨーロッパにとっても、果たして経済制裁は有効な手立てであるのだろうか。

英国は常に米国に従うから別として、ドイツ、フランスは制裁が長期に続くことを好んでいないとも聞く。私は、日本がクリミアのロシアへの編入を認め、真っ先にロシアへの経済制裁を解除するように動くべきではないかと思料する。さすれば、懸案の北方領土問題も急速に進展することは間違いない。

また、先に述べたように、紛争が生じたときには、窓口を閉ざすのではなく、むしろ協議の場を増やすべきである。その意味で、Ｇ８がＧ７となっていることは決して望ましいことではなく、早くロシアを戻してＧ８とするべきである。それが友愛の政治の要諦である。日本が「新冷戦」を回避させるために、今こそ欧米とロシアの架け橋として必要な外交努力を傾注すべきである。

アジアにおいても、緊張関係を高める方向に進むか、協力関係を高める方向に進むかの岐路に差し掛かっている。そして、日本がその進むべき道を決めるキープレーヤーであることに気付くべきである。

先に触れたように、安倍首相は徒に中国脅威論を世界に喧伝している。書店には反中国の書物が並び、大手メディアも中国への厳しい批判的な論調が多く、多くの国民は中国脅威論が虚構であることに気付いていない。気付かないどころか、歴史に忠実で冷静な中国論を述べる者たちには、痛烈な非難を浴びせる。偏狭なナショナリズムは火が付きやすいものだ。

中国脅威論を振りかざした結果、安倍首相は集団的自衛権の行使を手に入れた。実際にはまだ手に入れてはおらず、限定的容認を閣議決定しただけであるが、世の中の風潮は集団的自衛権の行使問題には決着が付いたようになっている。

日米安保体制が強化され、米国の戦争に日本が巻き込まれて行くことになりかねない状況となる。それは沖縄の米軍基地の必要性を高め、普天間飛行場の辺野古への移設が強硬に進められることを意味する。自衛隊は南進し、沖縄周辺が強化される。必然的に日中間の緊張は高まり、中国もそれに応じて軍事力が強化されていく。尖閣諸島を巡って、一触即発の事態を招きかねない。

この「アジアの新冷戦」が世界の「新冷戦」と結び付くとき、冷戦に火が付き、世界最終戦争へと進みかねない。それは人類の滅亡を意味する。この道を歩むことだけは、絶対に避けなければならない。俳優で脱原発の社会運動もされていた菅原文太さんに、亡くなるひと月前にお会いした。その時菅原さんは、「日本がきな臭くなってきている。絶対に戦争を起こしてはならない」と仰っていた。戦争を知らない世代が政権を握っていることに強い危機感を持っておられた。菅原さんの遺言として、重く受け止めてほしい。

日本はアジアの緊張関係を高める方向ではなく、協調関係を高める方向に舵を切るべきではないか。そしてそれは日本が東アジア共同体構想を再び高らかに提唱することによって実現されるのである。日本だけが、今、この構想の埒外に置かれている。しかし、日本が東アジア共同体に加わらなければ、この構想は十分な意味を持ちえない。逆に言えば、日本が東アジア共同体のリード役になれることを意味する。なぜ躊躇する必要があろうか。

　習近平国家主席は、二〇一四年七月の中国人民対外友好協会設立六〇周年の記念式典で、「中華民族の血には他国を侵略し、世界の覇権を求める遺伝子はない」と述べたあと、「我々は国境を乗り越え、時空をまたがり、文明を乗り越える互を鏡とする交流活動の推進を通して、各国人民の相互理解、相互了解、相互支持、相互支援を推進し、世界各国の人民の心の中で平和理念を揺るぎないものとし、戦争を防止、反対し、共に発展することを推進する強大な力を作り上げなければならない」と結んだ。まさに、この理念こそ友愛そのものである。日本が呼びかければ、中国は東アジア共同体の結成に賛成する。そうでなければ、習近平主席のこの発言は空虚なものとなるからである。日本が今こそ積極的に外交努力を行い、平和へのメッセージを発信すべきである。

　安倍首相は「積極的平和主義」を軍事力によって安全保障を強化する意味で用いているが、それは「積極的平和主義」の誤った使い方である。日本はアジア地域における戦争や紛争をなくし、貧困や差別のない社会を作り出すために、東アジア共同体の創設に全力を上げるべきであり、それこそ「積極的平和主義」と呼ぶにふさわしい行動であると世界から評価されるに違いない。

参考文献1

私の政治哲学

党人派・鳩山一郎の旗印

現代の日本人に好まれている言葉の一つが「愛」だが、これは普通〈love〉のことだ。そのため、私が「友愛」を語るのを聞いてなんとなく柔弱な印象を受ける人が多いようだ。しかし私の言う「友愛」はこれとは異なる概念である。それはフランス革命のスローガン「自由・平等・博愛」の「博愛＝フラタナティ（fraternité）」のことを指す。

祖父鳩山一郎が、クーデンホフ・カレルギーの著書を翻訳して出版したとき、このフラタナティを博愛ではなくて友愛と訳した。それは柔弱どころか、革命の旗印ともなった戦闘的概念なのである。

クーデンホフ・カレルギーは、今から八六年前の大正一二年（一九二三年）『汎ヨーロッパ』という著書を刊行し、今日のEUにつながる汎ヨーロッパ運動の提唱者となった。彼は日本公使をしていたオーストリア貴族と麻布の骨董商の娘青山光子の次男として生まれ、栄次郎という日本名ももっていた。

カレルギーは昭和一〇年（一九三五年）『Totalitarian State Against Man（全体主義国家対人間）』と題する著書を出版した。それはソ連共産主義とナチス国家社会主義に対する激しい批判と、彼らの侵出を許した資本主義の放恣に対する深刻な反省に満ちている。

カレルギーは、「自由」こそ人間の尊厳の基礎であり、至上の価値と考えていた。そして、それを保障するものとして私有財産制度を擁護した。その一方で、資本主義が深刻な社会的不平等を生み出し、それを温床とする「平等」への希求が共産主義を生み、さらに資本主義と共産主義の双方に対抗するものとして国家社会主義を生み出したことを、彼は深く憂いた。

「友愛が伴わなければ、自由は無政府状態の混乱を招き、平等は暴政を招く」

ひたすら平等を追う全体主義も、放縦に堕した資本主義も、結果として人間の尊厳を冒し、本来目的であるはずの人間を手段と化してしまう。人間にとって重要でありながら自由も平等もそれが原理主義に陥るとき、それがもたらす惨禍は計り知れない。それらが人間の尊厳を冒すことがないよう均衡を図る理念が必要であり、カレルギーはそれを「友愛」に求めたのである。

「人間は目的であって手段ではない。国家は手段であって目的ではない」

彼の『全体主義国家対人間』は、こういう書き出しで始まる。

カレルギーがこの書物を構想しているころ、二つの全体主義がヨーロッパを席捲し、祖国オーストリアはヒットラーによる併合の危機に晒されていた。彼はヨーロッパ中を駆け巡って、汎ヨーロッパを説き、反ヒットラー、反スターリンを鼓吹した。しかし、その奮闘もむなしくオーストリアはナチスのものとなり、彼は、やがて失意のうちにアメリカに亡命することとなる。映画『カサブランカ』は、カレルギーの逃避行をモデルにしたものだという。

カレルギーが「友愛革命」を説くとき、それは彼が同時代において直面した、左右の全体主義との激しい戦いを支える戦闘の理論だったのである。

戦後、首相の地位を目前にして公職追放となった鳩山一郎は、浪々の徒然にカレルギーの書物を読み、とりわけ共感を覚えた『全体主義国家対人間』を自ら翻訳し、『自由と人生』という書名で出版した。鋭い共産主義批判者であり、かつ軍部主導の計画経済（統制経済）に対抗した鳩山一郎にとって、この書は、戦後日本に吹き荒れるマルクス主義勢力（社会、共産両党や労働運動）の攻勢に抗し、健全な議会制民主主義を作り上げる上で、最も共感できる理論体系に見えたのだろう。

鳩山一郎は、一方で勢いを増す社共両党に対抗しつつ、他方で官僚派吉田政権を打ち倒し、党人派鳩山政権を打ち立てる旗印として「友愛」を掲げたのである。彼の筆になる『友愛青年同志会綱領』（昭和二八年）はその端的な表明だった。

「われわれは自由主義の旗のもとに友愛革命に挺身し、左右両翼の極端なる思想を排除して、健全明朗なる民主社会の実現と自主独立の文化国家の建設に邁進する」

彼の「友愛」の理念は、戦後保守政党の底流に脈々として生きつづけた。六〇年安保を経て、自民党は労使協調政策に大きく舵を切り、それが日本の高度経済成長を支える基礎となった。その象徴が昭和四〇年（一九六五年）に綱領的文書として作成された『自民党基本憲章』である。

その第一章は「人間の尊重」と題され、「人間はその存在が尊いのであり、つねにそれ自体が目的であり、決して手段であってはならない」と記されている。労働運動との融和を謳った『自民党労働憲章』にも同様の表現がある。明らかに、カレルギーの著書からの引用であり、鳩山一郎の友愛論に影響を受けたものだろう。この二つの憲章は、鳩山、石橋内閣の樹立に貢献し、池田内閣労相として日本に労使協調路線を確立した石田博英によって起草されたものである。

自民党一党支配の終焉と民主党立党宣言

戦後、自民党が内外の社会主義陣営に対峙し、日本の復興と高度経済成長の達成に尽くしたことは大きな功績であり、歴史的評価に値する。しかし、冷戦終焉後も経済成長自体が国家目標であるかのような惰性の政治に陥り、変化する時代環境の中で国民生活の質的向上を目指す政策に転換できない事態が続いた。その一方で政官業の癒着がもたらす政治腐敗が自民党の宿痾となった観があった。

私は、冷戦が終ったとき、高度成長を支えた自民党の歴史的役割も終わり、新たな責任勢力が求められていると痛感した。そして祖父が創設した自民党を離党し、新党さきがけの結党に参加し、やがて自ら党首となって民主党を設立するに至った。

平成八年九月一一日「(旧) 民主党」結党。その「立党宣言」にいう。

「私たちがこれから社会の根底に据えたいと思っているのは『友愛』の精神である。自由は弱肉強食の放埒に陥りやすく、平等は『出る釘は打たれる』式の悪平等に堕落しかねない。その両者のゆきすぎを克服するのが友愛であるけれども、それはこれまでの一〇〇年間はあまりに軽視されてきた。二〇世紀までの近代国家は、人々を国民として動員するのに急で、そのために人間を一山いくらで計れるような大衆(マス)としてしか扱わなかったからである。(中略)

私たちは、一人ひとりの人間は限りなく多様な個性をもった、かけがえのない存在であり、だからこそ自らの運命を自ら決定する権利をもち、またその選択の結果に責任を負う義務があるという『個の自立』の原理と同時に、そのようなお互いの自立性と異質性をお互いに尊重しあったうえで、なおかつ共感しあい一致点を求めて協働するという『他との共生』の原理を重視したい。そのような自立と共生の原理は、日本社会の中での人間と人間の関係だけでなく、日本と世界の関係、人間と自然の関係にも同じように貫かれなくてはならない」

武者小路実篤は「君は君、我は我也、されど仲良き」という有名な言葉を残している。「友愛」とは、まさにこのような姿勢で臨むことなのだ。

「自由」や「平等」が時代環境とともにその表現と内容を進化させていくように、人間の尊厳を希求する「友愛」もまた時代環境とともに進化していく。私は、カレルギーや祖父一郎が対峙した全体主義国家の終焉を見た当時、「友愛」を「自立と共生の原理」と再定義したのである。

そしてこの日から一三年が経過した。この間、冷戦後の日本は、アメリカ発のグローバリズムという名の市場原理主義に翻弄されつづけた。至上の価値であるはずの「自由」、その「自由の経済的形式」である資本主義が原理的に追求されていくとき、人間は目的ではなく手段におとしめられ、その尊厳を失う。金融危機後の世界で、われわれはこのことに改めて気が付いた。道義と節度を喪失した金融資本主義、市場至上主義にいかにして歯止めをかけ、国民経済と国民生活を守っていくか。それが今われわれに突きつけられている課題である。

この時にあたって、私は、かつてカレルギーが自由の本質に内在する危険を抑止する役割を担うものとして、「友愛」を位置づけたことをあらためて想起し、再び「友愛の旗印」を掲げて立とうと決意した。平成二一年五月一六日、民主党代表選挙に臨んで、私はこう言った。「自ら先頭に立って、同志の皆さんとともに、一丸となって難局を打開し、共に生きる社会『友愛社会』をつくるために、必ず政権交代を成し遂げたい」

私にとって「友愛」とは何か。それは政治の方向を見極める羅針盤であり、政策を決定するときの判断基準である。そして、われわれが目指す「自立と共生の時代」を支える時代精神たるべきものと信じている。

衰弱した「公」の領域を復興

現時点においては、「友愛」は、グローバル化する現代資本主義の行き過ぎを正し、伝統のなかで培われてきた国民経済との調整を目指す理念といえよう。それは、市場至上主義から国民の生活や安全を守る政策に転換し、共生の経済社会を建設することを意味する。

いうまでもなく、今回の世界経済危機は、冷戦終焉後アメリカが推し進めてきた市場原理主義、金融資本主義の破綻によってもたらされたものである。米国のこうした市場原理主義や金融資本主義は、グローバルエコノミーとかグローバリゼーションとかグローバリズムとか呼ばれた。

米国的な自由市場経済が、普遍的で理想的な経済秩序であり、諸国はそれぞれの国民経済の伝統や規制を改め、経済社会の構造をグローバルスタンダード（実はアメリカンスタンダード）に合わせて改革していくべきだという思潮だった。

日本の国内でも、このグローバリズムの流れをどのように受け入れていくか、これを積極的に受け入れ、全てを市場に委ねる行き方を良しとする人たちと、これに消極的に対応し、社会的な安全網（セーフティネット）の充実や国民経済的な伝統を守ろうという人たちに分かれた。小泉政権以来の自民党は前者であり、私たち民主党はどちらかというと後者の立場だった。

各国の経済秩序（国民経済）は年月をかけて出来上がってきたもので、その国の伝統、慣習、国民生活の実態を反映したものだ。したがって世界各国の国民経済は、歴史、伝統、慣習、経済規模や発展段階など、あまりにも多様なものなのである。グローバリズムは、そうした経済外的諸価値や環境問題や資源制約などを一切無視して進行した。小国のなかには、国民経済が大きな打撃を被り、伝統的な産業が壊滅した国さえあった。

資本や生産手段はいとも簡単に国境を越えて移動できる。しかし、人は簡単には移動できないものだ。市場の論理では「人」というものは「人件費」でしかないが、実際の世の中では、その「人」が地域共同体を支え、生活や伝統や文化を体現している。人間の尊厳は、そうした共同体の中で、仕事や役割を得て家庭を営んでいく中で保持される。

冷戦後の今日までの日本社会の変貌を顧みると、グローバルエコノミーが国民経済を破壊し、市場至上主義が社会を破壊してきた過程といっても過言ではないだろう。郵政民営化は、長い歴史をもつ郵便局とそれを支えてきた人々の地域社会での伝統的役割をあまりにも軽んじ、郵便局の持つ経済外的価値や共同体的価値を無視し、市場の論理によって一刀両断にしてしまったのだ。

農業や環境や医療など、われわれの生命と安全にかかわる分野の経済活動を、無造作にグローバリズムの奔流の中に投げ出すような政策は、「友愛」の理念からは許されるところではない。また生命の安全や生活の安定に係るルールや規制はむしろ強化しなければならない。

グローバリズムが席巻するなかで切り捨てられてきた経済外的な諸価値に目を向け、人と人との絆の再生、自然や環境への配慮、福祉や医療制度の再構築、教育や子どもを育てる環境の充実、格差の是正などに取り組み、「国民一人ひとりが幸せを追求できる環境を整えていくこと」が、これからの政治の責任であろう。

この間、日本の伝統的な公共の領域は衰弱し、人々からお互いの絆が失われ、公共心も薄弱となった。現代の経済社会の活動には「官」「民」「公」「私」の別がある。官は行政、民は企業、私は個人や家庭だ。公はかつての町内会活動やいまのＮＰＯ活動のような相互扶助的な活動を指す。経済社会が高度化し、複雑化すればするほど、行政や企業や個人には手の届かない部分が大きくなっていく。経済先進国であるほど、ＮＰＯなどの非営利活動が大きな社会的役割を担っているのはそのためだといえる。それは「共生」の基盤でもある。それらの活動は、ＧＤＰに換算されないものだが、われわれが真に豊かな社会を築こうというとき、こうした公共領域の非営利的活動、市民活動、社会活動の層の厚さが問われる。

「友愛」の政治は、衰弱した日本の「公」の領域を復興し、また新たなる公の領域を創造し、それを担う人々を支援していく。そして人と人との絆を取り戻し、人と人が助け合い、人が人の役に立つことに生きがいを感じる社会、そうした「共生の社会」を創ることをめざす。

財政の危機はたしかに深刻だ。しかし「友愛」の政治は、財政の再建と福祉制度の再構築を両立させる道を、慎重かつ着実に歩むことをめざす。財政再建を、社会保障政策の一律的抑制や切り捨てによって達成しようという、また消費税増税によって短兵急に達成しようという財務省主導の財政再建論には与しない。

財政の危機は、長年の自民党政権の失政に帰するものである。それは、官僚主導の中央集権政治とその下でのバラマキ政治、無批判なグローバリズム信仰が生んだセーフティネットの破綻と格差の拡大、政官業癒着の政治がもたらした政府への信頼喪失など、日本の経済社会の危機の反映なのである。

したがって、財政危機の克服は、われわれがこの国のかたちを地域主権国家に変え、徹底的な行財政改革を断行し、年金はじめ社会保障制度の持続可能性についての国民の信頼を取り戻すこと、つまり政治の根本的な立て直しの努力を抜きにしてはなしえない課題なのである。

地域主権国家の確立

私は、代表選挙の立候補補演説において「私が最も力を入れたい政策」は「中央集権国家である現在の国のかたちを『地域主権の国』に変革」することだといった。同様の主張は、一三年前の旧民主党結党宣言にも書いた。「小さな中央政府・国会と、大きな権限をもった効率的な地方政府による『地方分権・地域主権国家』」を実現し、「そのもとで、市民参加・地域共助型の充実した福祉と、将来にツケを回さない財政・医療・年金制度を両立させていく」のだと。

クーデンホフ・カレルギーの「友愛革命」（『全体主義国家対人間』第一二章）の中にこういう一説がある。

「友愛主義の政治的必須条件は連邦組織であって、それは実に、個人から国家をつくり上げる有機的方法なのである。人間から宇宙に至る道は同心円を通じて導かれる。すなわち人間が家族をつくり、家族が自治体（コミューン）をつくり、自治体が郡（カントン）をつくり、郡が州（ステイト）をつくり、州が大陸をつくり、大陸が地球をつくり、地球が太陽系をつくり、太陽系が宇宙をつくり出すのである」

カレルギーがここで言っているのは、いまの言葉で言えば「補完性の原理」ということだろう。それは「友愛」の論理から導かれる現代的政策表現ということができる。

経済のグローバル化は避けられない時代の現実だ。しかし、経済的統合が進むEUでは、一方でローカル化ともいうべき流れも顕著である。ベルギーの連邦化やチェコとスロバキアの分離独立などはその象徴である。グローバル化する経済環境のなかで、伝統や文化の基盤としての国あるいは地域の独自性をどう維持していくか。それはEUのみならず、これからの日本にとっても大きな課題である。

グローバル化とローカル化という二つの背反する時代の要請への回答として、EUはマーストリヒト条約やヨーロッパ地方自治憲章において「補完性の原理」を掲げた。補完性の原理は、今日では、たんに基礎自治体優先の原則というだけでなく、国家と超国家機関との関係にまで援用される原則となっている。こうした視点から、補完性の原理を解釈すると以下のようになる。

個人でできることは、個人で解決する。個人で解決できないことは、家庭が助ける。家庭で解決できないことは、地域社会やＮＰＯが助ける。これらのレベルで解決できないときに初めて行政がかかわることになる。そして基礎自治体で処理できることは、すべて基礎自治体でやる。基礎自治体ができないことだけを広域自治体がやる。広域自治体でもできないこと、たとえば外交、防衛、マクロ経済政策の決定など、を中央政府が担当する。そして次の段階として、通貨の発行権など国家主権の一部も、ＥＵのような国際機構に移譲する……。

補完性の原理は、実際の分権政策としては、基礎自治体重視の分権政策ということになる。われわれが友愛の現代化を模索するとき、必然的に補完性の原理に立脚した「地域主権国家」の確立に行き届く。

道州制の是非を含む今後の日本の地方制度改革においては、伝統や文化の基盤としての自治体の規模はどうあるべきか、住民による自治が有効に機能する自治体の規模はどうあるべきか、という視点を忘れてはならない。

私は民主党代表選挙の際の演説でこう語った。

「国の役割を、外交・防衛、財政・金融、資源・エネルギー、環境等に限定し、生活に密着したことは権限、財源、人材を『基礎的自治体』に移譲し、その地域の判断と責任において決断し、実行できる仕組みに変革します。国の補助金は廃止し、地方に自主財源として一括交付します。すなわち国と地域の関係を現在の実質上下関係から並列の関係、役割分担の関係へと変えていきます。この変革により、国全体の効率を高め、地域の実情に応じたきめの細かい、生活者の立場に立った行政に変革します」

身近な基礎自治体に財源と権限を大幅に移譲し、サービスと負担の関係が見えやすいものとすることによって、初めて地域の自主性、自己責任、自己決定能力が生まれる。それはまた地域の経済活動を活力あるものにし、個性的で魅力に富んだ美しい日本列島を創る道でもある。「地域主権国家」の確立こそは、とりもなおさず「友愛」の現代的政策表現であり、これからの時代の政治目標にふさわしいものだ。

ナショナリズムを抑える東アジア共同体

「友愛」が導くもう一つの国家目標は「東アジア共同体」の創造であろう。もちろん、日米安保体制は、今後も日本外交の基軸でありつづけるし、それは紛れもなく重要な日本外交の柱である。同時にわれわれは、アジアに位置する国家としてのアイデンティティを忘れてはならないだろう。経済成長の活力に溢れ、ますます緊密に結びつきつつある東アジア地域を、わが国が生きていく基本的な生活空間と捉えて、この地域に安定した経済協力と安全保障の枠組みを創る努力を続けなくてはならない。

今回のアメリカの金融危機は、多くの人に、アメリカ一極時代の終焉を予感させ、またドル基軸通貨体制の永続性への懸念を抱かせずにはおかなかった。私も、イラク戦争の失敗と金融危機によってアメリカ主導のグローバリズムの時代は終焉し、世界はアメリカ一極支配の時代から多極化の時代に向かうだろうと感じている。しかし、いまのところアメリカに代わる覇権国家は見当たらないし、ドルに代わる基軸通貨も見当たらない。一極時代から多極時代に移るとしても、そのイメージは曖昧であり、新しい世界の政治と経済の姿がはっきり見えないことがわれわれを不安にしている。それがいま私たちが直面している危機の本質ではないか。

アメリカは影響力を低下させていくが、今後二、三〇年は、その軍事的経済的な実力は世界の第一人者のままだろう。また圧倒的な人口規模を有する中国が、軍事力を拡大しつつ、経済超大国化していくことも不可避の趨勢だ。日本が経済規模で中国に凌駕される日はそう遠くはない。覇権国家でありつづけようと奮闘するアメリカと、覇権国家たらんと企図する中国の狭間で、日本は、いかにして政治的経済的自立を維持し、国益を守っていくのか。これからの日本の置かれた国際環境は容易ではない。

これは、日本のみならず、アジアの中小規模国家が同様に思い悩んでいるところでもある。この地域の安定のためにアメリカの軍事力を有効に機能させたいが、その政治的経済的放恣はなるべく抑制したい。身近な中国の軍事的脅威を減少させながら、その巨大化する経済活動の秩序化を図りたい。これは、この地域の諸国家のほとんど本能的要請であろう。それは地域的統合を加速させる大きな要因でもある。

そして、マルクス主義とグローバリズムという、良くも悪くも、超国家的な政治経済理念が頓挫したいま、再びナショナリズムが諸国家の政策決定を大きく左右する時代となった。数年前の中国の反日暴動に象徴されるように、インターネットの普及は、ナショナリズムとポピュリズムの結合を加速し、時として制御不能の政治的混乱を引き起こしかねない。

そうした時代認識に立つとき、われわれは、新たな国際協力の枠組みの構築をめざすなかで、各国の過剰なナショナリズムを克服し、経済協力と安全保障のルールを創り上げていく道を進むべきであろう。ヨーロッパと異なり、人口規模も発展段階も政治体制も異なるこの地域に、経済的な統合を実現することは、一朝一夕にできることではない。しかし、日本が先行し、韓国、台湾、香港が続き、ASEANと中国が果たした高度経済成長の延長線上には、やはり地域的な通貨統合、「アジア共通通貨」の実現を目標としておくべきであり、その背景となる東アジア地域での恒久的な安全保障の枠組みを創出する努力を惜しんではならない。

いまやASEAN、日本、中国（含む香港）、韓国、台湾のGDP合計額は世界の四分の一となり、東アジアの経済的力量と相互依存関係の拡大と深化は、かつてない段階に達しており、この地域には経済圏として必要にして十分な下部構造が形成されている。しかし、この地域の諸国家間には、歴史的文化的な対立と安全保障上の対抗関係が相俟って、政治的には多くの困難を抱えていることもまた事実だ。

しかし、軍事力増強問題、領土問題など地域的統合を阻害している諸問題は、それ自体を日中、日韓などの二国間で交渉しても解決不能なものなのであり、二国間で話し合おうとすればするほど双方の国民感情を刺激し、ナショナリズムの激化を招きかねないものなのである。地域的統合を阻害している問題は、じつは地域的統合の度合いを進めるなかでしか解決しないという逆説に立っている。たとえば地域的統合が領土問題を風化させるのはＥＵの経験で明らかなところだ。

私は「新憲法試案」（平成一七年）を作成したとき、その「前文」に、これからの半世紀を見据えた国家目標を掲げて、次のように述べた。

「私たちは、人間の尊厳を重んじ、平和と自由と民主主義の恵沢を全世界の人々とともに享受することを希求し、世界、とりわけアジア太平洋地域に恒久的で普遍的な経済社会協力及び集団的安全保障の制度が確立されることを念願し、不断の努力を続けることを誓う」

私は、それが日本国憲法の理想とした平和主義、国際協調主義を実践していく道であるとともに、米中両大国のあいだで、わが国の政治的経済的自立を守り、国益に資する道でもある、と信じる。またそれは、かつてカレルギーが主張した「友愛革命」の現代的展開でもあるのだ。

こうした方向感覚からは、たとえば今回の世界金融危機後の対応も、従来のＩＭＦ、世界銀行体制のたんなる補強だけではなく、将来のアジア共通通貨の実現を視野に入れた対応が導かれるはずだ。

アジア共通通貨の実現には今後一〇年以上の歳月を要するだろう。それが政治的統合をもたらすまでには、さらなる歳月が必要であろう。世界経済危機が深刻な状況下で、これを迂遠な議論と思う人もいるかもしれない。しかし、われわれが直面している世界が混沌として不透明で不安定であればあるほど、政治は、高く大きな目標を掲げて国民を導いていかなければならない。

いまわれわれは、世界史の転換点に立っており、国内的な景気対策に取り組むだけでなく、世界の新しい政治、経済秩序をどう創り上げていくのか、その決意と構想力を問われているのである。

今日においては「ＥＵの父」と讃えられるクーデンホフ・カレルギーが、八六年前に『汎ヨーロッパ』を刊行した時の言葉がある。彼は言った。

「すべての偉大な歴史的出来事は、ユートピアとして始まり、現実として終わった」、そして、「一つの考えがユートピアにとどまるか、現実となるかは、それを信じる人間の数と実行力にかかっている」と。

（『Ｖｏｉｃｅ』二〇〇九年九月号（ＰＨＰ研究所）より転載）

参考文献２

アジアへの新しいコミットメント
――東アジア共同体構想の実現に向けて――

平成二一年一一月一五日

１．挨拶

テオ・チーヒン副首相兼国防相閣下、
バレー・デスカ ラジャラトナム国際関係大学院（ＲＳＩＳ）所長、
御来席の皆様、

つい先ほど、リー・シェンロン首相閣下が見事に議長を務められたＡＰＥＣ首脳会合が終わり、こちらに駆けつけました。皆様方の前で日本の新政権のアジア政策についてスピーチできることを大変光栄に存じます。特に、テオ副首相兼国防相閣下には、本日のモデレーターという役目をお引き受けいただき、感謝に耐えません。

２．アジアと日本

今日、アジアの重要性に疑いはありません。

世界で多極化が進む現在、経済力に着目すれば、二〇〇八年時点でＡＳＥＡＮ＋６は世界のＧＤＰの約二三％、ＡＰＥＣでは五二％以上を占め、これらの数字は今後もさらに増加する傾向にあります。

アジアでは、実体経済のレベルで域内統合が進んでいることは皆さんも御承知のとおりです。同時に、アジアは世界に対してオープンであることによって繁栄している、ということも興味深い事実です。また、ＡＳＥＡＮ諸国や中国、韓国などが、経済発展に呼応する形で、地域や国際社会のための建設的役割を果たし始めていることは、私たちを勇気づけてくれます。

もちろん、発展するアジアにも、課題がないわけではありません。その点、アジアにおける米国のプレゼンスは、我が国を含めたアジアの平和と繁栄に重要な役割を果たしてきており、今後も果たすことでしょう。我が国が日米同盟を引き続き、日本外交の基軸と位置付ける最大の理由の一つは、そこにあります。オバマ大統領と私は、同盟を一層深化させることでも一致しました。また、昨日、オバマ大統領は、東京で演説を行い、アジアに対する米国の関与姿勢を再確認されました。皆さんと共に、私はそれを歓迎したいと思います。

日本はアジアの中でとてもユニークな国です。アジアで最も早く近代化を成し遂げ、優れた技術力と成熟した経済を持っています。日本社会には、勤勉さやチームワークなど、誇るべきクォリティーがあることも、リー・クアンユー顧問相閣下が回顧録に書かれているとおりです。

また、長い議会民主主義の伝統を持つ日本ですが、つい二カ月ほど前には国民が政権交代を選択し、民主主義の歴史に新たな一ページを開いたことは、皆さんも御存知のとおりでしょう。

日本のユニークさは、それだけではありません。アジアの多くの国々よりも一足先に「成長の先にある課題」に直面しています。少子高齢化、都市化と過疎化の同時進行、などがその例ですが、我々は試行錯誤の末、このような課題に対処するための知識や経験を蓄積してきました。

重要なことは、ほとんどすべての国が、こうした課題にやがて行きあたる、ということです。日本がこれまで蓄積してきた知見は、地域の国々が「成長の先にある課題」に取り組む際に、公共財的に使ってもらうことができます。

一足先に苦労する、ということも、日本の力になるようです。

だからこそ、私は信じます、この日本が他のアジアの国々と協力すれば、できないことはない、と。

3．東アジア共同体構想の推進

日本の新政府は、アジア外交の重視を宣言します。

そして、その柱になるのが「東アジア共同体構想」です。

私の東アジア共同体構想の思想的源流をたどれば、私自身が大切にしている「友愛（ｙｕ-ａ・ｉ）」思想に行き着きます。「友愛」は「博愛（fraternity）」と訳されることもありますが、自分の自由と自分の人格の尊厳を尊重すると同時に、他人の自由と他人の人格の尊厳をも尊重する考え方のことです。「自立と共生」の思想と言ってもよいでしょう。

私は政治家になって以来、「日本と他のアジア諸国、より広くはアジア・太平洋諸国相互の間に、友愛の絆をつくりあげることはできないものか」と考えてきました。と言うのも、この地域では、ほかならぬ日本が、多くの国々、とりわけアジア諸国の人々に対して多大の損害と苦痛を与えた後、六〇年以上がたった今もなお、真の和解が達成されたとは必ずしも考えられていないからです。

目を欧州に転じれば、悲惨な二度の大戦を経て、それまで憎みあっていた独仏両国は、石炭や鉄鋼の共同管理をはじめとした協力を積み重ねました。さらに国民相互間の交流を深めた結果、事実上の不戦共同体が成立したのです。独仏を中心にした動きは紆余曲折を経ながらその後も続き、今日のＥＵへと連なりました。この欧州での和解と協力の経験こそが、私の構想の原型になっています。

すなわち、私の東アジア共同体構想は、「開かれた地域協力」の原則に基づきながら、関係国が様々な分野で協力を進めることにより、この地域に機能的な共同体の網を幾重にも張りめぐらせよう、という考え方です。後で述べるように、貿易、投資、金融、教育など、広範な分野で協力を具体的に進めることを、何よりも重視します。

協力の過程で我々は、みんなで協働し、みんなで知恵を出し合い、みんなでルールを決め、みんなでルールを守るようになります。その結果、現実の利益が得られるだけでなく、相互信頼の感情が育まれることも期待されます。


ここで私の考える協力の例をあげれば、以下のようなものがあります。


第一は、共に繁栄するための協力です。

欧州の例をみても、ＡＳＥＡＮの例をみても、経済関係の進展は、原則的には協力を惹起します。そして、この地域の経済連携を共通のルールに則って促進する有力な手段が、ＥＰＡ／ＦＴＡです。

日本は現在、東南アジア地域の七カ国およびＡＳＥＡＮ全体との間など、一〇カ国一地域との間でＥＰＡを締結しています。しかし、これでは「日本を開く」と言うには不十分です。今後は韓国、インド、豪州との間でＥＰＡ交渉を加速するほか、それ以外の国とのＥＰＡ交渉の可能性も追求していきます。また、ＡＳＥＡＮ＋６による「ＣＥＰＥＡ」やＡＰＥＣの「ＦＴＡＡＰ」の議論には積極的に参加します。

第二は、緑のアジアを守るための協力です。

この地球上に気候変動の脅威から逃れられる国はありません。

日本は、すべての主要国による公平かつ実効性のある国際的枠組みの構築や意欲的な目標の合意を前提として、二〇二〇年までに温室効果ガスを一九九〇年比で言えば二五％削減するという目標を掲げています。我々の子孫のためにも、現在交渉中のＣＯＰ15は、是非とも成功させなければなりません。

従来型の成長は皆さんを幸せにしないし、持続不可能であることを、我々は知っています。日本も高度成長期には、ひどい大気汚染や環境破壊を経験しました。現にアジアの各地で、河川が汚れ、マングローブの林が失われています。

私は心から願います。途上国の皆さんが、気候変動問題で「共通だが差異のある責任」の下、温室効果ガスの削減を掲げる一方、日本企業の持つ、すぐれた省エネ技術、スマートグリッド・システム、水浄化技術などを活用することにより、「持続可能な成長」を実現してもらいたい、と。

第三は、いのちを守るための協力です。

アジアで自然災害によって亡くなった方の数は、二〇〇七年までの三〇年間で一三〇万人を超えます。ＳＡＲＳ、鳥インフルエンザ、新型インフルエンザなどの感染症も、国境を越えて猛威を振るいます。この地域では、自然災害や感染症は戦争を上回る、人間の安全保障上の課題である、と言っても過言ではありません。

阪神・淡路、スマトラ、ジャワなどの大地震、繰り返し来襲するモンスーンや台風の被害——、大規模災害が起こるたびに、我々は、助け、助けられてきました。NGOやボランティアの人たちの献身する姿も、私の瞼に焼き付いています。我々はもっともっと、助け合おうではありませんか?

各国の政府機関などに援助のための人的・物的アセットを事前登録してもらい、災害発生時に円滑に救助活動ができるようにするなど、防災のための新たな枠組み作りに向けて、日本は積極的に貢献していきます。

衛生面では、日本は来年、自衛艦を『友愛ボート』と名付けて民間人やNGOの人たちも乗せ、太平洋・東南アジア地域で医療活動や文化交流などを行います。これは米国が二〇〇七年から行っている「パシフィック・パートナーシップ」への参加となります。米国、豪州、インドネシアなどと共に働き、現地の人々の役に立てることを期待しています。

第四は、「友愛の海」をつくるための協力です。

この地域は様々な海でつながり、交易の相当部分も海を通じて行われます。この海を「友愛の海」にすることは、地域全体に平和と繁栄をもたらすことにほかなりません。多国間の共同作業という前提で言うなら、周囲を海で囲まれた海国・日本には、海の平和を守るためのノウハウとアセットがあります。

例えば、我々は海賊対策でもっと協力することができます。マラッカ海峡を含む東南アジアで実施されている域内の協力は多くの国にとってモデルとなっており、これを他の地域に拡大してはどうでしょう。また、ソマリア沖では、日・米・中・韓・豪・印・マレーシア・シンガポールなど、多くのアジア太平洋諸国が海賊対処活動に従事しています。この方面でも、我々はもっと連携できるはずです。

東アジア地域では、海の事故防止や緊張緩和を進めるための共通の取り組みがまだまだ遅れています。海難事故の際の捜索救助協定を締結するなど、各国間で具体的な協力を進めることが大切です。

我々にできる協力の分野は、これらにとどまりません。核軍縮・核不拡散、文化交流、社会保障、都市問題もあるでしょう。将来的には、政治的な協力について話し合うこともありえます。

また、ある分野で協力する意志と能力を持つ国々が先行して参加し、その協力が成果をあげるに従ってメンバーが増える、といったケースも考えられます。

いかがでしょうか、皆さん？　本日、私の説明を聞いてなお、「鳩山構想の中では、誰が共同体のメンバーになるのか」と質問されますか？

私の答は――、理想と夢を共にする人々――です。

4. 結語

最後に、私が「東アジア共同体構想を前進させる際に最も大事な鍵になる」と思っていることに触れておきたいと思います。それは「人」です。

日本製品がアジア諸国で普及しても、日本でアジア諸国からの輸入が増えても、それだけで相互理解が実現することはありません。「人と人との触れ合い」を通じてはじめて、我々は真にわかりあえます。その技術、道具を互いに学びあうことも大切です。こうして我々は、様々な協力を始めることができるのです。

この地域における人の交流を増やすため、日本にはやるべきことがたくさんあります。ほんの一例を言えば、日本政府は、一昨年以来行っている、アジア各国から毎年六〇〇〇人の人材を招聘する事業を将来も継続していきます。域内の大学間の単位の互換の拡大や成績評価の共通化のための取組みも、必ず実現させます。

この地域では、ASEAN+6で三二億人強、APECで二七億の人々が生活しています。そのエネルギーたるや、凄まじいものです。この地域に住む様々な人々が国境の垣根を越えて交われば、思いもよらない新たな活力と知恵が、生まれてくるに違いありません。

本日、グローバルに開かれている社会がいかにダイナミックに発展するか、その最たる成功例であるシンガポールの地にあって、私はＡＰＥＣの「開かれた地域主義」に無限の可能性を感じ取っています。

この地域のいろいろな人に、いろいろな立場で協力を深めてもらいたい。どんな共同体が望ましいのか、大いに議論してもらいたい。明日のアジアを一緒につくってもらいたい。そう思っています。

日本は来年、ＡＰＥＣ議長を務めます。

皆さん、この機会をとらえて、どうか日本に来てください。

日本には、雪があります。温泉があります。

温かい心を持った人々が皆さんを待っています。

また来年、お会いしましょう。

首相官邸ホームページ（http://www.kantei.go.jp/jp/hatoyama/statement/200911/15singapore.html）から仮訳掲載

第2章　リベラル派の二一世紀大戦略としての「東アジア共同体」構想

高野　孟

はじめに

東アジア共同体の構想は、これまでの戦後保守政治の下で、そして第二次安倍政権になってからはますます深刻になっている日本の外交・安全保障政策と経済政策の行き詰まりに対する、リベラル派の側からの根本的かつ包括的な代替策である。

二一世紀の日本は、アジアの一員としてしかるべき地位を得て居場所を確保するだけでなく、東北と東南を包摂する東アジアにおいて、欧州共同体＝欧州同盟のように、国家エゴイズムを超克して非戦平和と経済融合をめざす広域的な共同体を創り出していくために、積極的なイニシアティブを発揮しなければならない。そのような戦略方向をめざすことが、今日的な意味でのリベラル派の第一条件であって、そうしない者がリベラル派を名乗るべきではない。

明治以来の近代日本の対外姿勢の基調は「脱亜・入欧」であり、それが欧米帝国主義と競い合ってアジア近隣諸国を軍事侵略し植民地支配するという歪んだ形で暴走し破滅した。しかし第二次大戦後も、「蔑亜・従米」とでもいうようなその変種が繰り返し立ち現れてこの国の保守政治を侵食して、いま再び、第二次安倍政権の「中国包囲網」外交とそのための「集団的自衛権解禁」の実質改憲策謀として暴発しようとしている。一八六八年の明治維新から戦後の高度経済成長の終わり、ざっくり言って一九八〇年頃までを日本の「発展途上国時代」と呼ぶとすれば、この「脱亜・蔑亜」はその百年余りの発展途上国＝日本の時代精神に深く巣くってきた宿痾であり、そこから脱却するのは容易なことではない。

ところがこの国は、客観的に見て、その過去の悪しき病を抜本的に克服して「脱従米・再入亜」を果たす以外に、二一世紀に生きていく術がない。

第一に、二〇世紀後半を彩った米国の覇権はすでに終わりつつある。

第二に、それは単に米国の覇権の終わりでなく、一六～一七世紀にポルトガルとオランダが先駆し、一八～一九世紀に英国が確立し、二〇世紀に米国が引き継いできた欧米中心の「覇権システム」そのものの終わりであって、その後に否応なくやって来つつあるのは「ポスト覇権時代[1]」の多極化世界である。「資本主義の終焉」、つまり資本主義降誕の地である欧州が大航海時代に始まって外へ外へと侵略と搾取と収奪の魔手を広げて、ついに貪るべき地理的な辺境がこの地球上には存在しなくなって行き詰まったという事態[2]が、これと照応している。

第三に、米国の衰退に取って代わって中国とインド、少し遅れてロシアが台頭し、それらを柱とするユーラシアが世界の繁栄中心となる。中国とインドを合わせた世界ＧＤＰに占めるシェアは、有史以来、一一世紀までは七割超で、一八世紀前半でもまだ六割強もあったが、欧州資本主義の東進によって両国が急速に衰亡し、二〇世紀半ばには合わせても一割程度というどん底に陥り、反面、その頃米国は世界ＧＤＰの四割を占めて絶頂に立つ。が、一九七〇年代から中国とインドの再興と米国の後退が始まり、やがて二〇二〇年代には中国が、三〇年代にはインドが、GDPにおいて米国を上回る事態が出現する。ところが、資本主義が終焉して貪るべき辺境が存在しないのは中国やインドなどにとっても同じなので、両国は二〇世紀の米国に代わって軍事力を背景にした覇権秩序を築くことはない――築こうとしても出来ないし、またその必要もない。従って、世界は覇権なき多極化世界へと進んで行く(3)。

この二一世紀の大潮流の下で、日本は、戦後長く続いた過度の従米路線を是正して日米関係を対等・平等なノーマルな二国間関係に変革する一方で、東北アジアに積極的な平和構築外交を展開する必要がある。また東南アジアにおいてはASEANが二〇一五年末には「経済共同体」へと発展を遂げ、さらにその上に「安全保障共同体」、「文化共同体」を重ね合わせていこうとしているので、その思想と実践に学びつつこれと連携を図り、東北と東南の複眼を持つ「東アジア」の多角的な安保対話の枠組みを作り上げることを目指すべきである。さらに経済面でも、勃興する中国やインド、さらにロシアを含めたユーラシアの旺盛な活力と積極的に関わってその元気を国内へと環流させる「ユーラシア大循環」を構想し、そのための枠組みとしては、今となっては手遅れかもしれないが(4)、まずは東北アジアで日中韓三国の自由貿易協定（FTA）を先行させ、次にASEANが主導する日中韓、インド、オーストラリア、ニュージーランドを含む「東アジア地域包括的経済連携」（RCEP）を重視し、そのようにして東アジアの中の日本という立場を固めつつ米国が推進する「環太平洋連携協定」（TPP）と向き合うべきである。そうすれば日本の「脱従米・再入亜」という位置取りは、外交・安保面と経済面で整合する。

ところが、過去の「脱亜・蔑亜」の病を引きずる戦後保守勢力には、この「一〇〇年目の大転換」を成し遂げる意思も能力もなく、逆に、客観的に求められているその転換への情動的な反動として、一層偏狭な蔑亜的傾向に囚われやすい。とりわけ今日の安倍政治はその極端な典型で、保守内部のリベラル派からのそうした傾向に対するブレーキを失っていることもあって、一部の右翼雑誌やネットのヘイトスピーチのレベルとさして変わらない反知性的な嫌中・嫌韓感情を剥き出しにした言動を繰り返してきた。ところが、それを中韓のみならず米欧からも「歴史修正主義」などとして批判されると、一転、目をつむって飛び降りるかのようにTPP交渉にのめり込むとか、集団的自衛権解禁で対米軍事協力の強化を図るとか、沖縄県民の総意を蹴散らしてまで辺野古基地の建設を進めるとか、卑屈なまでの従米姿勢に偏るなど、情緒の不安定と精神の分裂に陥っているようにさえ見えるが、それはポスト冷戦から二一世紀の多極化時代と向かう世界の大潮流を捉えることができずに、その中での日本の位置取りを見出すことができないでいることの反映と言える。

そこに、戦後保守に対する新しい政治的対抗軸としてリベラル勢力が登場してその大転換を担おうとすることの言わば歴史的な必然性があったし、今もあるのであり、その最初の挑戦が一九九六年の旧民主党結成にほかならなかった。

そこで本論では三つの節を設け、第一に、リベラル派の安全保障戦略の原型としての九六年旧民主党の理念・政策を改めて振り返り、今こそそこに立ち返って二一世紀日本の安保議論を再出発させるべきであることを説く。第二に、それに照らして、安倍政権の「中国包囲網」外交と、集団的自衛権の解禁をテコに改憲に向かおうとする「戦争ができる国」路線とが余りに時代錯誤的であり、日本国民はもとより、アジアからも米国からさえも反発されて日本がますます居場所を失う危険をはらんでいることを分析する。そして第三に、アベノミクスの第三の矢とされた「成長戦略」の失敗にとって代わるべきは、日本のモノ作り能力を武器に東アジアの多重的な生産連携を通じて中国はじめインド、ロシアなどの経済的ダイナミズムと切り結んでいく「ユーラシア大環流」戦略であることを示す。

(1) ズビグニュー・ブレジンスキー「Giants, but Not Hegemons［(米中は) 大国同士だが覇権国同士ではない］」、二〇一三年二月一三日付ニューヨーク・タイムズ。
http://www.nytimes.com/2013/02/14/opinion/giants-but-not-hegemons.html
米民主党系の外交政策マフィアの頂点に立つブレジンスキーはここで次のように述べている。「今日、多くの人々は、出現しつつある米中二極が紛争に突き進んでいくのは不可避だと恐れている。しかし私は、この『ポスト覇権時代』にあっては、世界支配のための戦争が本当に起きるとは思っていない。……近年、米中の友好的な関係が、とりわけ両国のマスメディアによる敵対的な論争によって試練に晒されていることは無視できないし、そのような風潮はまたアメリカの不可避的な衰退と中国の急激な台頭についての憶測によって煽られてきた。
……しかし、安定した米中関係にとっての現実的な脅威は、両国の敵対的な意図から生じるのではない。むしろ、北朝鮮と韓国、中国と日本、中国とインド、インドとパキスタンなど、アジア諸国の政府がナショナリスティックな激情を煽動したり許容したりすることによって「地域紛争が」コントロール不能に陥ることこそ危険なのである」。

(2) 水野和夫『資本主義の終焉と歴史の危機』、集英社新書、二〇一四年三月刊。

(3) NIC（全米情報評議会）『GLOBAL TRENDS 2030:ALTERNATIVE WORLDS（世界潮流二〇三〇）』。http://fas.org/irp/nic/global_trends_2030.pdf

NICは米政府のCIAはじめすべての情報機関からなる合同部会で、広く内外の専門家の協力も得て、米国の国家運営にとって前提となる未来予測を四年に一度、発表している。これは二〇一二年一二月に発表された最新のもので、冒頭部分で次のように書いている。「二〇三〇年の世界は、今日の世界とは根本的に様相を異にしているだろう。同年までに、米国にせよ中国にせよ、それ以外の大国にせよ、いずれの国も覇権国となっていないだろう。個人の力の増大と、国家相互間および国家から非公式のネットワークへの権力の拡散とが劇的な効果を発揮して、一七五〇年以来の西洋の勃興の歴史を覆し、グローバル経済におけるアジアのウェイトを復活させ、さらに、国際と国内の両レベルにおける〝民主化〟の新しい時代の到来を告げることになるだろう」

(4) 野田政権と第二次安倍政権が極めて安易にTPP交渉に踏み込んだため、日中韓FTAの交渉は中断されたばかりか日本抜きの中韓FTAとして二〇一四年一一月に先行合意を見、一五年中に発効することになった。両政権が旧来の従米思想に囚われて戦略的思考を欠いていたことによる無惨な失敗である。

1　リベラル派の安保戦略の原型を辿る

旧民主党の安保理念

一九九六年九月に結成された旧民主党は、その「基本理念[1]」で、次のように宣言した。

▼私たちは、過去の延長線上で物事を考えようとする惰性を断って、いまから一五年後、二〇一〇年にこの国のかたちをどうしたいかに思いをめぐらせるところから出発したい。

［中略］

▼外交の場面では、憲法の平和的理念と事実にもとづいた歴史認識を基本に、これまでの過剰な対米依存を脱して日米関係を新しい次元で深化させていくと同時に、アジア・太平洋の多国間外交を重視し、北東アジアの一角にしっかりと位置を占めて信頼を集めるような国になっていなければならない。

そしてそれに続く「民主党の基本政策・骨子[1]」では、次のように主張した。

▼明治憲法体制確立以来の「追いつき追いこせ」の一〇〇年間は、同時に「脱亜」の一世

紀であり、日本の経済成長や繁栄はアジアの人々との共生を欠いた一国中心主義的なものであった。

▼日本社会は何よりも、アジアの人々に対する植民地支配と侵略戦争に対する明瞭な責任を果たさずに今日を迎えている。二一世紀に向け、アジアと世界の人々の信頼を取り戻すためアジアの国々の多様な歴史を認識することを基本に、過去の戦争によって引き起こされた元従軍慰安婦などの問題に対する深い反省と謝罪を明確にする。そうした過ちを再び繰り返さないための平和アピールを全世界に向かって発信する。

▼このなかで私たちは、一定の歴史観を押しつけることなく、歴史的事実をめぐるアジアの人々との認識のズレを克服し、過去の問題にはっきりと決着をつける必要がある。そして、過去の重荷がアジアをめぐる現実の諸問題に対する認識や対応に曇りを生じるようなことは、厳に戒めなければならない。

▼二一世紀を迎えようとしている今日、アジア地域はそのめまぐるしい経済発展とともに、多様な民主主義を実現している。同時に、市民のエネルギーが国境を越えて相互に結びつき、環境問題や女性政策、人権政策などについての共通の取り組みが生まれている。私たちは、過去への反省を基本としつつも、未来に向かう新しい絆に着目し、二一世紀に向けて信頼と協力のネットワークをアジアから世界へとひろげていきたいと考える。［以上、前文］

▼日米関係を基軸としつつ、自立した外交政策を確立し、歴史的に深いつながりのあるアジア諸国と強い信頼関係、友好関係を構築することを、外交・安全保障の基本とする。アジアにおいては、多角的地域安全保障体制の構築をめざす。このため、アセアン地域フォーラム（ＡＲＦ）を積極的に充実・発展させ、いわゆる極東有事を発生させない国際環境づくりに努める。

▼沖縄に過度に集中している米軍の施設・区域の整理、縮小に精力的に取り組む。在日米軍基地の存在を永遠不変のものと考えるのではなく、国際情勢の変化に伴い、「常時駐留なき安保」をも選択肢の一つとした平和の配当を追求していく。その際、米軍の機能低下をカバーするため、日本国憲法の範囲内で、行いうる新たな役割を検討する。

▼国連を中心とする普遍的安全保障体制の確立をうながすため、国連改革に率先して取り組む。とりわけ、安保理の民主化とＮＧＯとの連携を通じた「社会経済保障理事会」の設置をめざす。また、軍縮、環境、人権、福祉、高度医療など非軍事面での、地球規模の国際貢献を積極的に推進する。ＯＤＡについては量から質への転換をはかる。［以上、１―国連改革と地域的安全保障体制の確立］

ここには「東アジア共同体」という言葉そのものは使われていないが、「過剰な対米依存を脱して日米関係を新しい次元で深化」とか「アジア・太平洋の多国間外交を重視」とか「アジア諸国と強い信頼関係、友好関係を構築」とか「アジアの多角的地域安全保障体制の構築」とか「在日米軍基地の存在を永遠不変のものと考えるのではなく『常時駐留なき安保』をも選択肢の一つとした平和の配当を追求」とか、後の東アジア共同体の提唱に直結するキーワードが散りばめられている。

鳩山由紀夫の安保論

この旧民主党の最初の理念と政策にはらまれていた、沖縄をはじめ米軍基地負担の軽減による「常時駐留なき安保」への転換、その先にある多角的な地域安全保障体制の構築の構想について、鳩山由紀夫代表（当時）は結成直後に『文藝春秋』九六年一一月号に寄せた論文「民主党／私の政権構想」の中に「『常時駐留なき安保』を求めて」と題した一章を設けて、より踏み込んで自説を述べた。要点はこうである。

▼沖縄県が打ち出している「二〇一五年までにすべての米軍基地の返還を実現する」という基地返還アクションプログラムと、その跡地利用を中心として沖縄を再び東アジアの交易・交通拠点として蘇らせようという国際都市形成構想とを、十分に実現可能な沖縄の将来像としてイメージすることから考え始める。そうすると、沖縄の米軍基地が返ってくる（ということは、その三分の一しかない日本本土の基地も当然返ってくる）ことを可能

にするようなアジアの紛争防止・信頼醸成の多国間安保対話のシステムをどう作り上げていくか、また本質的に冷戦の遺物である日米安保条約を二一世紀のより対等で生き生きとした日米関係にふさわしいものにどう発展させていくか、といったことが、外交・安保政策の長期的な中心課題として浮上する。こうして、二〇年後には基地のない沖縄、その前にせめて米軍の常時駐留のない沖縄を実現していきたいとする彼らの夢を、私たち本土の人間もまた共有して、そこから現在の問題への対処を考えていくというように発想すれば、来年の「更改期限がくる沖縄の米軍基地用地を強制使用するための特別立法をするのかどうかという」困難な問題も自ずと解決の道が開けてくるのではないか。

▼そのような方向に進もうとすれば、当然にも外交・安全保障政策全般についても旧来の延長でない発想の転換が必要になる。日米関係は今後とも日本の外交の基軸ではあるけれども、そのことは冷戦時代そのままの過剰な対米依存をそのまま続けて行くこととは別問題である。まず一つには、我々は、活力にあふれ、ますます緊密に結びつきつつあるアジア・太平洋の全体を、日本が生きていく基本的な生活空間と捉えて、国連、APEC、東アジア、ASEANおよび北東アジアすなわち環日本海という重層的な多国間地域外交をこれまで以上に重視し、その中で日米、日中はじめ二国間関係を発展させ成熟させていく必要がある。そのような観点からすると、ASEAN拡大外相会議や安全保障に関するASEAN地域フォーラム（ARF）に積極的に参加するだけでなく、北東アジアでもそれ

と同様の多国間の信頼醸成と紛争予防、そして非核地帯化のための地域的安保対話システムを作り上げ、並行して北朝鮮やロシア極東部を含む多角的な経済協力を推進していきたい。

▼そのような努力を通じて、まずいわゆる「極東有事」が発生しない北東アジア情勢を作り出していく。それが、沖縄はじめ本土も含めた米軍基地を縮小し、なくしていくための環境づくりとなる。私はそのような条件は次第に生まれつつあると考えている。すでに米韓両国からは、朝鮮半島の休戦協定を恒久的な和平協定に置き換えるための南北と米中の四者会談が呼びかけられている。かつての戦争当事者同士によるその会談が成功を収めた後には、さらにそれをロシアと日本を加えた「六者協議」の枠組みへと発展させ、米中露日が見守る中で南北が相互理解と経済交流の促進と将来の統一を目指して対話を継続するよう促すのが現実的である。そして、その六者とは実は、日本海を囲む北東アジアの関係国すべてであり、朝鮮半島の問題だけでなくこの地域の紛争問題や資源の共同管理、多角的な経済交流などを話し合っていく場ともなりうるだろう。

▼そういう国際環境を日本が自ら先頭に立って作り出し、成熟させていくことができれば、その進度に応じて、沖縄・本土の米軍基地の整理・縮小・撤去と「常時駐留なき安保」への転換を図ることができる。私は、二〇一〇年を目途として、日米安保条約を抜本的に見直して、日米自由貿易協定と日米安保協定とを締結して、日米関係を新しい次元に引き上

げつつ、対等なパートナーシップとして深化させていくことを提唱したい。
▼それまでの間、現行の日米安保条約はもちろん堅持するが、一部に議論が出ているような「集団的自衛権」のなし崩し的な拡大解釈によって自衛隊を域外での作戦行動に従事させることは、冷戦時代への逆行であり、認めることはできない。
▼自衛隊のあり方も大いに見直す必要があろう。私は、二〇一〇年の段階では、自衛隊は、海空兵力を中心とした精強な国土防衛隊と、それとは区別して主に陸上兵力によって編成され訓練された国際平和協力部隊、および機動力を持った災害救援部隊とに再編されるべきだろうと考えている。国際平和協力部隊は、日本の国益とは無関係な立場で、国連のPKOや将来創設されるかもしれない東アジアの共同警察軍などの活動に積極的に参加する……。

私は、この鳩山論説に、混迷する今日のリベラル勢力が立ち戻ってそこから再興を試みるべき原点があると思う。有り体に言って、いまの民主党をはじめリベラル派の再生を主張し、それを担うであろうと目されている新しい世代の政治家たちは、恐らくこの鳩山論説も旧民主党の理念・政策も読んだこともないし、このレベルの戦略的思考を自ら試したこともないだろう。だからリベラルの旗は立ちようもなく、そのために「保守 vs リベラル」の政治的な対抗構図がいつまでも未完のままなのである。

リベラルの政策的発想

私の個人的な関わりについて言えば、一九九四年に細川・羽田の非自民改革政権がわずか一〇カ月で潰えた後に、社会党の久保亘書記長による社会党改革論、それに飽き足らない山花貞夫＝前社会党委員長とさきがけの一部による新党論、小沢一郎の新進党結成などの動きが入り乱れる中、九五年二月だったたと思うが、自社さ政権の中枢にいながら「これでいいのか」と思っていた鳩山、北海道知事を間もなく辞めて中央政界復帰を狙っていた横路孝弘を中心に、日本新党出身でありながら新進党結成に参加しなかった海江田万里、社会党で落選中だった仙谷由人らが加わって、「リベラル政党」結成のための、最初は秘密の、半年後からは「リベラル・フォーラム」と名乗った公然の協議が始まり、その方々の共通の友人でありリベラル新党待望論者である私も、非議員としては唯一人、ほぼ最初の段階からその謀議に呼び込まれることになった。

それから九六年九月の旧民主党結成までの一年半、私はそれこそ寝食を忘れて、主に理念・政策面の議論に加わった。実を言えば、先に一部を引用した旧民主党の「基本理念」もその一年半の議論を踏まえて私が起草し、鳩山・菅直人の協議を経て発表に至ったものである。その論議の過程に決定的と言っていいほどのインパクトを与えたのは、九五年九月の沖縄における少女暴行事件である。在沖縄海兵隊の、当時の駐日米大使が「アニマル」と呼んだほどの無思慮な若い隊員たちのこの凶行に、沖縄の怒りは燃え上がり、一〇月には八万五〇〇〇人が集まる一大抗議集会が開かれた。それと向き合う中で、私たちは当時の大田昌秀県政の下での「基地返還アクションプログラム」とそれによって返還された基地を活用して「国際都市形成」を図るという構想(2)を知り、そのプランナーである吉元政矩副知事にも実際にお目にかかって、そこから多くを学ぶことになった。

一つには、まず期限を区切って、「二〇一五年までに在沖米軍基地をすべて返還させる」という目標をはっきりと立てて、そこから手前に向かって現実的なステップを段階を追って設定し、それを現在へと接合するという、政策立案の発想そのものである。先に引用した旧民主党「基本理念」の「過去の延長線上で物事を考えようとする惰性を断って、いまから一五年後、二〇一〇年にこの国のかたちをどうしたいかに思いをめぐらせるところから出発したい」という一節は、まさにそのことを意味している。

というのも、それまで保守に対する対抗軸を形成してきた戦後革新は、理想を夢のように語ることは得意であるけれども、実際に現実政治の中でそれをどう具体的に実現していくかのアプローチを示すことはなく、言いっ放しに終わっているのに対して、新たに登場すべきリベラルはそれとは一線を画さなければならなかった。他方、そのリベラルが対抗すべき保守は、総じて超現実主義的であって、改革に取り組まないわけではないけれども、過去の経緯や既成の秩序を重んじつつ目の前の現実から半歩だけ踏み出して、その半歩さえもし爪先が熱ければすぐに引っ込めるというような具合にしか振る舞えない。これまでの保守対革新の対抗軸の下では、右か左か、資本主義か社会主義か、目の前の現実か遠い夢のような理想か、というような、一八〇度正反対の価値観を競い合ってきたけれども、保守対リベラルの対抗軸の下では、成熟先進国においてはどこでもそうであるように、前方に向かって三〇度か四五度くらいの狭い幅でしか許容されない政策的な選択肢を、むしろそのアプローチの発想や手法で争うことになり、その場合に最も重要なのは、現実から半歩だけしか進もうとしないのか、それとも将来に明確な目標を置いてそれを今に接合するのかということなのではないか。

そのことを、「基本理念」は上記の引用部分とは別の個所で、宮沢賢治の詩をもじった次のような表現で強調している。「私たちは、未来から現在に向かって吹きつける、颯爽たる一陣の風でありたい」と。

二つには、日米安保条約は堅持か廃棄かの二者択一しかないのではなくて、現行条約の下でもその運用を改善し、余りに過大な在日米軍基地の負担についても不要なものから順次返還させていくことが可能なのだという着想である。それに触れて当時の私たちは目が醒める思いがして、まず第一に、沖縄県の基地返還アクションプログラムを支持し支援するだけでなく、それを全土に適用して可能なところから米軍基地を縮減していって、最終的にはすべての米軍基地を廃止もしくは自衛隊に移管もしくは軍民共有化して有事の際にのみ米軍部隊が飛来・渡航することを協約する「常時駐留なき安保」に変質させていくこと、第二に、それと並行して、「ASEAN拡大外相会議やARFに積極的に参加するだけでなく、北東アジアでもそれと同様の多国間の信頼醸成と紛争予防、そして非核地帯化のための地域的安保対話システムを作り上げ」（上記鳩山論説）、両者相まって「東アジア安全保障共同体」を追求していくこと、第三に、ここが肝心なところなのだが、「その進度に応じて……日米安保条約を抜本的に見直して、日米自由貿易協定と日米安保協定とを締結して、日米関係を新しい次元に引き上げ」（同上）ることが可能になること——を構想した。

ポスト冷戦の安保構想の流れ

旧民主党の理念・政策とそれを解説した鳩山文春論説は、様々な反応を引き起こした。九六年一〇月から一一月にかけてマスメディアに現れた数例を挙げると……、

▼小池洋次日本経済新聞ワシントン支局長「未来から現在を考えるという発想を持っていたのは民主党だけだったが、その民主党の安保政策も具体性を欠いていた」「とはいえ」「軍事技術の進歩を考え合わせれば『基地なき安保』も検討課題になるのではないか」（一〇月二八日付日経「安保、国民的議論の時」）

▼アーミテージ元米国防長官補「沖縄の海兵隊は朝鮮半島情勢が変化すれば、少数の機関要員を残して撤退すべきで、米海空戦力の増強でそれを補える」（一一月一四日付朝日新聞）

▼船橋洋一朝日新聞アメリカ総局長「日米双方に『海兵隊お荷物』感」（一一月一四日付朝日新聞）

▼アマコスト前駐日米大使「［在日米軍］四万七〇〇〇人という数字自体に特別な意味がなく、安全保障は兵力規模に依存するわけではない。調整は可能だ。地域の状況によりけりで、北朝鮮をめぐる問題が解決すれば事態は変わる」（一一月二三日付毎日新聞インタビュー）

▼加藤洋一朝日新聞記者「在日米軍の存在意義が変わった今も、なぜ従来と同じ水準なのかという疑問に［日米両政府の同年四月の安保再定義］宣言は答えていない。［日本］政府は『基本的に米国が決めること』（外務省幹部）というだけだ」（一一月二四日付朝日新聞）

▼ジョゼフ・ナイ前米国防次官補「二〇〇五年ごろ朝鮮半島から紛争がなくなる。…朝鮮半島の脅威がなくなれば、沖縄の海兵隊のような部隊は必要ない」（一一月二四日付朝日新聞）

▼米空軍の二一世紀空軍ビジョン「三〇年後までに紛争地域への空軍投入は主として米本土から行われるようになり、海外での空軍配備は削減される」（一一月二五日付時事電）

これらすべてが旧民主党と鳩山が引き起こしたハレーションだというわけではないが、冷戦終結から七年、旧ソ連崩壊から五年経ったこの当時の空気では、このような言説がけっして突飛な話とは受け止められなかったばかりか、むしろポスト冷戦の安保について建設的な議論が始まるきっかけを与えたことを示している。

米国では、ポスト冷戦の初めての大統領としてクリントンが九三年一月に就任するとすぐに、冷戦期の八七年には二一七万人あった総兵力を六年間で一四〇万にまで縮小することを中心に、国防費を大幅に削減する計画を発表し（九三年九月「ボトム・アップ・レビュー」）またそれに対応した「東アジア一〇万人体制の維持」の方針も打ち出した（九五年二月「ナイ・イニシアティブ」）。経済政策面でも「平和の配当」を重視し、軍事部門で培った先端技術を民用に転用する「軍民転換」を通じてＩＴ分野などで世界をリードする方向を打ち出していた。(3) それに呼応するかのように、日本でも、まさに冷戦の産物であった五五年体制が崩壊して非自民連立の細川護熙内閣が九三年八月に誕生し、翌年二月には首相の私的諮問機関として「防衛問題懇談会」を発足させて冷戦後の防衛戦略の見直しに着手した。樋口廣太郎アサヒビール会長（当時）を座長とし、西廣整輝元防衛事務次官を実質的な取りまとめ役としたその懇談会は、短命に終わった細川・羽田両内閣を飛び越えて、九四年八月に村山富市首相に「日本の安全保障と防衛力のあり方―二一世紀へ向けての展望」と題した報告書（俗に「樋口レポート」）を提出した。(4)

「樋口レポート」の波紋

その内容は、私に言わせれば中途半端で、米国がポスト冷戦に向かって大胆に踏み出そうとしているとはいえ、その先にどのような新しい安保秩序が生まれるのかは定かでなく、まして極東では北朝鮮のミサイル発射など未だ冷戦が終わったとは言えない状況が続いていることを反映して、ＮＡＴＯや日米安保など冷戦期の米国中心の同盟は「持続されるであろう」けれども「米国はかつてのような圧倒的優位はもはや持っていない」ので、「国連レベル、地域レベルの多角的な協力的安全保障の機構」の役割が増すであろうことを、遠慮がちな口調で述べていた。ただ面白いのは、例えばその第二章「日本の安全保障政策と防衛力についての基本的な考え方」では、

第一に、国際紛争解決の手段として武力行使を禁止するという国連憲章の意図を実現するために、能動的・建設的な安保政策を追求し、外交・経済・防衛などすべての政策手段を駆使して努力する、

第二に、国連の集団安全保障機構が完成するのは遠い先であるとしても、各国は平和維持活動に積極的に参加するなど協力的安全保障の実績をあげその習慣を身につけるべきであり、また「ＡＳＥＡＮ地域フォーラム（ＡＲＦ）」などの地域レベルの安全保障対話と相互交流を進めるべきである、

第三に、そのような多角的な安全保障協力を効果的にするためにも、日米間の緊密で幅広い

協力と共同作業が不可欠である、

——という具合に、明らかに「日米同盟が基軸」という冷戦時代の観念を消し去って、多角的な協調的安全保障体制の実現こそが目標であって日米安保はその補完という考え方をじんわりと滲み出させていることである。

米国の一部には、この樋口レポートの論理構成に対して「日本が米国離れをしようとしている」という強い警戒感が生まれ、さらに同年九月には沖縄少女暴行事件が勃発してますます「安保がもたないのでは」という危機感が日米双方で高まって、翌九六年四月のクリントン来日による日米首脳会談での「日米安保再定義」への流れが作られた。しかしこの「日米安保再定義」は、ナイ・イニシアティブで言う東アジア一〇万人の前方展開軍とその一部としての在日米軍の規模を現状のまま維持した上で、日本自衛隊に「極東」の範囲を超えて広く「アジア・太平洋」でより積極的な役割を求めたもので、それが九七年の「新しい防衛協力の指針（新ガイドライン）」の締結、九八年の「周辺事態法」制定や自衛隊法改正につながって行った。

その意味でこの「再定義」は、樋口レポートや鳩山論説に垣間見えた日本側からの安保見直し論を米国がきっぱりと退け、むしろ安保に日本を一層強く組み込み直そうとするものにすぎなかった。その下では、せっかくの沖縄米軍基地の統合・縮小の合意とそれに基づく普天間基地の撤去についてのSACO（沖縄基地特別行動委員会）の発足も、辺野古新基地の建設による県内移転になり終わることは見えていたのである。

協調的安保論の広がり

他方、余り知られていないことなのかもしれないが、九一年に社会党の委員長に就いた田邊誠は、同党をそれまでの安保反対一本槍の路線から脱却させることに熱心で、九二年一一月には同党シャドーキャビネット安保委員会の上原康助委員長の主催でシンポジウム「二一世紀の国連と安全保障を考える」を丸一日がかりで開催した。私もこれにコーディネーターとして参加し、武者小路公秀（国連大学副学長）、前田哲男（東京国際大学教授）、志方俊之（帝京大学教授、前北部方面総監）その他の専門家各氏と徹底的な議論を行った。

私は、冷戦終結直後からの一貫した問題意識として、アジアと欧州の間にはいろいろ条件の違いはあるけれども、日本が主導権を発揮じて地域的な協調的安全保障の体制をめざす多国間安保対話の枠組みを東アジアにも創り出していきながら、その成熟の度合いに応じて、基本的には対ソの敵対的軍事同盟である日米安保条約とその下での在日米軍基地の様態、さらには部分的には米国の対ソ戦略に組み込まれてきた日本自衛隊のあり方などを抜本的に見直していくことが必要であり、そのためにはとりわけ外務省の親米べったりの守旧的な安保観を克服することが緊急課題だという主張で、それを自分が主宰する情報誌「インサイダー」や、小川和久らとの共同研究『新世紀のアジア』（サイマル出版会、九一年刊）などで盛んに繰り出していた。それで、田邊委員長にはしばしば事務所に呼ばれてさまざまなご下問を受けることがあり、その延長で上述シンポにも参加したのである。

他方、そのシンポの中心メンバーの一人でもあった前田は、高橋進、山口二郎らと共同して雑誌『世界』に「平和基本法をつくろう」(九三年四月号)、「アジア・太平洋地域安保を構想する」(九四年一二月号)を発表し、当時の小沢一郎＝新生党が打ち出していた「普通の国」路線に立つ安保見直し論と一線を画そうとしていた。田邊は九三年一月に退いて委員長は山花貞夫に代わっていたが、彼も田邊の路線を引き継いで、同年四月から五月にかけては、北村哲男参議院議員(弁護士)を団長に法律家中心の調査団を欧州に派遣し、CSCE(全欧安保・協力会議、後に常設機構化してOSCE)の理念、歴史、機構に詳細な研究を行わせた(5)。そうした社会党とその周辺の盛んな議論を集約して、同党は九四年八月に新安保政策「平和への挑戦(草案)」をまとめた。そこでは、日米安保の軍事的側面は役割を終えるが、政治的・経済的側面は残るので、それに力点を置きながら、国連およびアジア太平洋地域の普遍的安全保障の確立を待って「その枠組みの中に日米安保を溶け込ませていく」こと、また自衛隊については当面、専守防衛に徹しながら九五年からの一〇年計画で縮小・再編を進めていくと主張していた。

これを見た西廣は「社会党内の議論がそこまで進んでいるのかと大変驚いている。私などと考えが近いところもたくさんある」と積極的に評価した(九四年九月二三日付『社会新報』)。さらに付け加えれば、経済四団体の一つである経済同友会もこの年七月に「新しい平和国家をめざして」と題した提言を発表して、ポスト冷戦の安保論議に参入した。堤清二セゾン会長

（当時）を委員長とする「新しい国家像を考える委員会」がまとめたこの提言も、「世界の安全保障については国連など国際機関を中心として行動することを責務と考え，自国の安全については総合安全保障の考え方を追求する」として、多角的・協調的安全保障の方向で脱冷戦を果たすべきだとしていた。

九六年旧民主党の理念・政策とそれについての鳩山論説は、冷戦終結を受けて九〇年代前半の日本でも盛んに行われたこのような安保見直しの試論を踏まえつつ独自の整理を試みたものであった。

なお、旧民主党の結成後、その議論は同党の外郭に九七年二月に設けられたヴァーチャル・シンクタンク「プロジェクト二〇一〇」の「常時駐留なき安保」分科会に引き継がれた。同分科会は私を主査とし、五百蔵洋一（弁護士、社会党のCSCE調査団事務局長）、小川和久（軍事アナリスト）、田岡俊次（朝日新聞）、重村智計（毎日新聞）、前田哲男などが常連メンバーとなり、他に多くの研究者、ジャーナリスト、民主党議員が参加して約一年間活動し、その記録を『冷戦後の新しい安保像への模索』と題して出版した（プロジェクト二〇一〇事務局、九八年一月刊、非売品）。

二〇〇九年の民主党マニフェスト

以上、旧民主党の理念・政策とそれができあがってくる当時の時代の流れについて少し詳しく紹介したのは、ほかでもない、二〇〇九年に民主党が政権交代を果たして鳩山が総理の座を得て、真っ先に沖縄の普天間海兵隊基地の移転先について「国外、最低でも県外」と言い出したのが、けっしてその場の思いつきでも、誰かからの受け売りでもなくて、彼を創業者とする民主党という政治的ベンチャーの存在理由そのものに深く根ざしていたのだということを、再確認しておきたかったからである。

沖縄県の基地返還アクションプログラムの着想に学びつつ、それを全国化して現行の日米安保条約の下でも次々に米軍基地を縮減して「常時駐留なき安保」へと段階的に改変していく対米自主外交を進めるのだが、それがどういうスピードでどのくらいスムーズに進むかは、他方での東アジアにおける「地域的安保対話システム」と北朝鮮やロシアをも含む「多角的な経済協力」の枠組みの形成努力の〝進度に応じて〟決定されるとする、両方のプロセスがお互いに相手を変数とするダイナミックスを通じて初めて日本は自らの力で脱冷戦を果たすことができるという視点を採る。上述の「未来から現在に向かって吹きつける風」という発想に立って引っ繰り返して言えば、まずはポスト冷戦のあるべき姿として、東アジアの安全保障と経済協力のための共同体づくりを主導しその中に生きる日本の将来像を設定する。そこに至る道筋として、日米安保の下での基地削減と地域の安保対話・経済協力とを段階を追って積み重ねていくが、その一番手前の象徴的な入口が普天間の「県外」なのである。今の民主党の皆さんの多くは「そんなことは初めて聞いた」と言うのかもしれないが、その方々は、失礼ながら、民主党とは何たるかを知らずに入って来てしまったのであって、実は民主党とはそもそもそういうものだったのである。

と言っても別にその皆さんに罪はない。結成から一年半後には羽田孜、細川護熙両元首相をはじめ一度は新進党にまとまった各党派がバラバラと民主党に合流して「再結成」ということになり、その時に旧民主党の理念・政策はきれいさっぱり消去されて歴史的文献としてさえも残されなかったからである。それに比べると、新進党の解体後、自由党を作って一時は自民との連立まで組んだ小沢一郎が二〇〇三年の民自合併で民主党に合流してきたことは、この文脈では一定の肯定的な評価に値することで、それは、彼が国連の下での集団安全保障に日本が積極的に参加することは憲法第九条の趣旨に反しないどころか大いに合致するのだという憲法観・安保観を抱いていて、それをめぐって民主党の重鎮＝横路との間で極めて建設的な議論が成り立つという面白い状況が生まれたからである。しかし、私の見るところ、小沢は国連決議がある場合の多国籍軍への参加と、国連決議の裏付けがないかもしくは曖昧な場合の実質的に米軍主導の疑似多国籍軍に日米安保の集団的自衛権を援用しての参加との区別がはっきりしておらず、その点で横路と折り合わない部分が残ったようで、いずれにせよこの議論は、民主党が旧民主党の理念・政策に立ち戻ってスタンスを明確にするところまで深まらずに終わった。

そういうはっきりしない状況で、しかし、政権交代の機は熟し、二〇〇九年の総選挙に向けての民主党のマニフェストでは、鳩山の九六年以来の思いを宿すような形で次のようなことが盛り込まれた。

▼主体的な外交戦略を構築し、緊密で対等な日米同盟関係をつくります。

▼アジア・太平洋地域の域内協力体制を確立し、東アジア共同体の構築を目指します。

▼北朝鮮による核兵器やミサイルの開発を止めさせ、拉致問題の解決に全力をあげます。

▼国連平和維持活動、貿易投資の自由化、地球温暖化対策で主体的役割を果たします。

▼核兵器廃絶の先頭に立ち、テロの脅威を除去します。［以上、本文］

《51．緊密で対等な日米関係を築く》

▼日本外交の基盤として緊密で対等な日米同盟関係をつくるため、主体的な外交戦略を構築した上で、米国と役割を分担しながら日本の責任を積極的に果たす。

▼米国との間で自由貿易協定（FTA）の交渉を促進し、貿易・投資の自由化を進める。その際、食の安全・安定供給、食料自給率の向上、国内農業・農村の振興などを損なうことは行わない。

▼日米地位協定の改定を提起し、米軍再編や在日米軍基地のあり方についても見直しの方向で臨む。

《52．東アジア共同体の構築をめざし、アジア外交を強化する》
▼中国、韓国をはじめ、アジア諸国との信頼関係の構築に全力を挙げる。
▼通商、金融、エネルギー、環境、災害救援、感染症対策等の分野において、アジア・太平洋地域の域内協力体制を確立する。
▼アジア・太平洋諸国をはじめとして、世界の国々との投資・労働や知的財産など広い分野を含む経済連携協定（ＥＰＡ）、自由貿易協定（ＦＴＡ）の交渉を積極的に推進する。
［以上、各論］

これについて、ちょうど、九六年旧民主党の理念・政策について鳩山がもっと踏み込んで説明した文春論説と同じ様な位置づけに当たるのが、政権獲得の前夜、彼が〇九年八月発売の月刊誌『Ｖｏｉｃｅ』に寄せた「私の政治哲学」である（第一章参照）。またその鳩山の「県外」に賭けた思いが敢えなく挫折した経緯と要因についても別の研究に委ねる。[6] ここでは、鳩山の「県外」発言が九六年以来一三年間温め続けてきた思いの発露にほかならず、だからこそ、一時はその鳩山の挫折に深く絶望した県民が、そうかと言って今さら辺野古容認に戻ることはできず、気を取り直して「オール沖縄」の力で一四年一一月の県知事選と一二月総選挙で辺野古ノー！の候補者を全勝させるきっかけをも作りだしたという歴史的な文脈を知っておいて頂きたいと願う。

本節の終わりにもう一度強調しておきたいのは、九六年旧民主党から（途中で点線になりながらも辛うじて）〇九年鳩山政権まで繋がってきた「東アジア共同体」「地域集団安全保障体制」「常時駐留なき安保」「普天間海兵隊基地の県外・国外移転」などの安保政策パッケージは、かなり荒削りで十分に体系化されてきたとは言えないけれども、かと言って決して奇異なものでも何でもなく、九〇年代前半に政界から学界・マスコミ界まで盛んに行われたポスト冷戦の安保戦略議論の精髄を取り込んだものであって、もし現在の民主党が「リベラル」な方向性をもって再生を図ろうとすれば、必ずそこまで立ち戻って再出発しなければならないはずのものだ、ということである。同時に、かつて自民党の主流を占めた保守リベラル派は今や絶滅寸前とさえ言われているが、もし彼らが一群の勢力をなして安倍の剣呑な右翼路線の暴走に歯止めをかけようとすれば、その依拠するところは、冷戦時代の昔ながらの親米穏健保守路線への回帰ではなく、保守の側からポスト冷戦の安保戦略の転換を模索した「樋口レポート」に立ち返ることではないか。もし民主・自民両党においてそのような機運が生じれば、両者は共闘が可能であり、そうなって初めて国民は安倍右翼路線に対する全く別の選択肢があるのだということを知ることになるだろう。そこに、東アジア共同体構想の安保面の議論を盛んにしなければならない今日的な意味がある。

(1) 旧民主党の理念と政策は、現民主党のＨＰなど公式記録からは歴史的資料としてさえ消し去られていて、私に言わせればそれこそが民主党低迷の根本原因の一つだが、ネット上では、私の個人HPで一部公開しているほかは、私が調べた限り、旧民主党創立の立て役者の一人である横路孝弘衆議院議員のサイトに記録が残されているのを辛うじて見つけることができた。

https://www.yokomichi.com/taidansyu.folder/1996.09.17.dpj.start.pdf.pdf

なおこれを含めて旧民主党関係の重要資料は近く東アジア共同体研究所のサイト内にアーカイブをつくることを計画中である。

(2) 沖縄情報センター資料集：http://www.asahi-net.or.jp/~lk5k-oosm/info.html

(3) その象徴が、国防総省高等研究計画局がいくつかの重要な大学・研究機関との間で軍事技術情報をやりとりするために開発したネットワーク技術を民間に開放して、今日のインターネットの地球規模の普及の礎を提供したことである。

(4) 樋口レポート：東京大学田中明彦研究室データベース内

http://www.ioc.u-tokyo.ac.jp/~worldjpn/documents/texts/JPSC/19940812.O1J.html

(5) 報告書『CSCE（全欧安保協力会議）／多国間主義に基づく信頼醸成と軍縮をアジアにも今』（社会文化法律センター、九四年三月刊）

(6) 東アジア共同体研究所が発案し、琉球新報の協力を得て編成した取材班の成果は、同紙上での連載「日米廻り舞台」とそれを増補した単行本＝同取材班著『普天間移設／日米の深層』（青灯社、一四年九月刊）に結実した。東アジア共同体研究所としてはこれを踏まえつつ相対的に別途の視点から「県外挫折」のプロセスを検証することを企画している。

2　安倍政権の時代錯誤が日本の孤立と破滅を招く

安倍の国家観・防衛論の本質は右翼愛国派

安倍政権の本質というか、安倍自身とその取り巻きの右翼愛国派を衝き動かしている政治的本能が希求しているのは、日本を戦前のような自立した軍事国家として再興することであり、それが「戦後レジームからの脱却」による「美しい国」というキャッチフレーズの真意である。この政権が日米安保条約に基づく集団的自衛権の解禁に熱心なのは、実はそれ自体が目的ではなく、それをバイパスとして自衛隊が海外で武力行使をすることができる前例を生み出し、積み重ねることによって、国民の抵抗感を和らげ飼い慣らしていくための方便にすぎない。

石原慎太郎元東京都知事は一四年八月に次世代の党の最高顧問に就任した頃、週刊誌のインタビューで「今の野望は何か」と問われて「シナと戦争して勝つこと」と言い放った（『週刊現代』八月九日号）。次世代の党は、自民党の隣に極右の旗を立てて安倍政権を右から挑発し、安倍が変に妥協せずに本筋を貫くよう応援するための党であり、安倍が総理としてはまさか口にするわけにはいかない本音を石原が代弁したと考えていいだろう。

さて、一般論として、日本の安全保障戦略には大きく分けて四つの選択肢がある。

(1)　右翼愛国派の自主防衛論――戦前型の自立した軍事国家を目指す。

(2)　親米保守派の安保維持論――戦後の対米従属下での安保体制を維持しつつその枠内で日本の軍事的役割の増大を図る。
(3)　戦後左翼の安保廃棄論――安保条約と自衛隊を廃棄して非武装中立に向かう。
(4)　リベラル派の集団安全保障論――国連および東アジア地域の集団安全保障体制を充実させて日米安保の役割を低めていく。

(1)は、まさに石原慎太郎であり、安倍自身の本音であって、日本を二〇世紀前半にまで戻そうとする究極の時代錯誤である。(2)は、戦後、すなわち二〇世紀後半の自民党の主流をなしてきた考えで、同党の中ではそれを担うまとまった勢力は今や絶滅に瀕しているけれども、「米国務省日本支部」とさえ呼ばれる外務省の主流をなす従米派や、そのカウンターパートナーであるリチャード・アーミテージ元国務副長官などジャパン・ハンドラーの信奉者らは未だにこの考えに凝り固まっている。

そこで複雑なのは、冷戦時代を通じて(1)と(2)の間はグラデュエーションで繋がっていて、どうしてそのようなアクロバティックなことが可能だったのかと言えば、「反共」すなわち旧ソ連を筆頭とする国際共産主義の侵略の脅威と戦うという強烈なイデオロギーが両者の接着剤となっていたからである。ところが冷戦が終わって「反共」という大義が意味を失った時に、当然にも(1)と(2)は分離を迫られるわけで、(1)は石原慎太郎の「[米国に]ノー!と言える日本」「シナと戦争して勝つ」「核武装も辞さず」という過激な自主防衛路線に純化される一方、(2)は、かつての旧ソ連を筆頭とした共産主義の脅威を「北朝鮮のミサイルが怖い」「中国の海洋進出が怪しい」といった風に横滑りさせて、「反共」を「反中国」や「反北朝鮮」に置き換えることで旧体制を維持させようとする。

安倍の国家観・防衛論の本質は、石原と同工異曲の(1)であるけれども、自民党総裁＝日本国総理としてそれを剥き出しで主張する訳にはいかないので、実際には(1)と(2)の混合、もう少し正確に言えば(2)を迂回して(1)を目指すというふうに振る舞わざるを得ない。しかし、(2)は二〇世紀後半の冷戦時代に戻ることであり、(1)はさらにそれを超えて二〇世紀前半の「熱戦」次代に戻ることであるから、その両者のミックスは二重の意味の時代錯誤にしかならず、ポスト冷戦の二一世紀的安保構想として通用するものでないことは明らかである。

それに対して(3)は、自民党の(1)＋(2)のミックスに対して平和憲法の理想を守れと主張してきただけで、何ら現実的な安保政策の形成に繋がっておらず、有効な対抗策とはなりえない。そこで(4)の国連および東アジアの集団安全保障体制の提案こそが、国連憲章および日本国憲法の本来の趣旨に沿って日米安保の矛盾を超克する唯一の有効なオルタナティブとして浮上するのである。

安倍を衝き動かす祖父コンプレックスの情動

この安倍の屈折した防衛論について、なかなか上手に批判しているのは、何とケインズ派エコノミストの大御所である伊東光晴で、彼は近著『アベノミクス批判』（岩波書店、二〇一四年刊）で、アベノミクスの三本の矢を徹底的に批判した後に、[1]「だが安倍首相が意図するところは、経済に重点があるのではなく、政治であり、戦後の日本の政治体制の改変こそが真の目的である。これが『隠された』第四の矢である」として、敢えて最後に第七章を設けてこれを批判している。その中で伊東は、戦後の日本でも「例外的な極右政権」である安倍政権の特徴の第一は「日本が戦前に中国を侵略したという事実を認めない」点にあり、安倍の祖父である岸信介を筆頭にこうした考えが自民党内に続いてきたのは、米国の軍事当局、右翼政治家、ＣＩＡが「反共」の政治家として利用価値があると認めてきたからであり、その関係が「いま安倍に引き継がれ、反中国を利用しての平和憲法の改変へと向かっている」と指摘している。

おおむねこのとおりで、安倍が、祖父に対する強烈な憧憬と、その祖父がやり残した集団的自衛権解禁と改憲とを自分がやり遂げて祖父を超える大宰相になるのだという誇大妄想的な野望とが入り交じった「祖父コンプレックス」とも言うべき情動に衝き動かされてこの極右政権を操っているのは事実であるけれども、この祖父と孫の関係および両者と米国との関係にはなかなか微妙な部分もあるので、補足的な解説が必要だろう。

第一に、確かに岸は、戦後自民党を貫いてきた右翼愛国派と親米保守派との矛盾を象徴する人物である。満州国高官として、また東條内閣の商工大臣兼軍需省次官として大東亜戦争を戦い抜いた代表的な右翼政治家である以上、Ａ級戦犯として東條らと共に処刑されてもおかしくはなかったが、巣鴨プリズンに収監されていた間に「反共」のために米国の手先となって働くことを誓って不起訴のまま釈放された。一九五二年に公職追放が解けて政治活動を再開した岸が設立した「日本再建連盟」のスローガンは「自主憲法制定」「自主軍備確立」「自主外交展開」で、明らかに自立した軍事国家の再建を目指すものであったけれども、それも米国から見れば「反共」の大義の枠をはみ出さない限りはギリギリの許容範囲だったのだろう。

その後、岸は一時、自由党に身を置くが、吉田茂総裁の「軽武装・親米保守」路線と対立して除名され、鳩山一郎らと共に日本民主党を結成して幹事長となった。同党の綱領も「独立自衛」「自主外交」「自立経済」と対米自立色が濃厚なものであったが、米ＣＩＡは逆にその岸に多大な機密資金を与えて囲い込み、その資金を元手として自由党との保守合同を進めるよう促した。そうして五五年に自由民主党が結成されてその初代幹事長に岸が座った。今にして振り返ると、ほとんど綱渡りのような際どい工作と思えるが、米国にとってはそれほどまでにして盤石の反共保守政権を作って日本を安定的に確保することが戦略的に重要だったということだったろう。逆に岸にとってみれば、とことん米国の反共戦略に迎合するような振りをしながら、自主愛国路線が蘇る余地をどう残すかという、これまたギリギリの勝負であったに違いない。その岸の命懸けのような勝負に比べると、安倍は余りにも安易に「戦後レジームからの脱却」に踏み込んでしまった。

第二に、岸は安保改定に当たってはその出発点で強烈な挫折を味わっている。一九五五年に鳩山一郎政権の幹事長だった岸は重光葵外相の訪米に随行したが、この時重光は、占領継続条約にすぎない旧安保条約を日米完全対等な「相互防衛条約」に置き換え、日本が独立自衛の態勢を整えて米軍を全面撤退させた上で、日米で西太平洋を共同防衛するという試案を携えて行った。しかし、鳩山政権の対米自立志向を警戒するジョン・フォスター・ダレス国務長官は「偉そうなことを言うな。日本にそんな力があるのか。グアムの米軍が襲われたら日本が助けに来てくれるのか。日本の憲法をどう解釈すればそんなことができるのか」という趣旨のことを言って重光と岸を罵倒したという。つまりダレスは、彼らが日米軍事同盟を対等化することで、より一層米国の軍事戦略に協力できるようにしたいのだという振りをしながら、実はそれをステップにして日本の軍事的自立を目指そうとする魂胆を秘めていることを見抜いていた。それで対米従属の壁の厚さを痛感した岸は、米国の許容する範囲でギリギリまで安保を対等化し、そこに「自主」と「改憲」への夢を埋め込むという六〇年安保改定の構想を立てたのである。

これは保守合同によって親米派と同居せずには居場所を確保できなかった愛国派の一つの行動様式であって、例えば同じ時期、一九五四年に若き中曽根康弘が正力松太郎の使い走りとなって、原発導入のための原子力委員会設置法はじめ一連の原発法制と科学技術庁設置法の整備に走り回ったのは、米国の原発輸出政策に迎合する振りをしながら、日本に核兵器の潜在能力を蓄積しようという狙いからのことだったろう。(2)

安倍は、祖父の真似をして日米同盟の対等化を図ろうとしているが、祖父が味わった米国の怖さを教訓として学んでいないように見える。米国は一貫して、日本が従属国として対米軍事協力を拡大することは望んでいるが、その分を超えて自立しようとすることは許さない。

第三に、岸は戦前戦後を通じて数々の修羅場を潜ってきた怜悧な頭脳の持ち主だから、戦後直後から首相までの現役時代を通じて、自らが直接に関わった大東亜戦争についての評価めいたことを発言することは（私の知る限り）なかった。戦前日本を肯定するかのことを言ってしまえば、「反共」大義をブリッジに辛うじて保たれている米国との絆も、従ってまた自民党の際どい成り立ちも、壊れかねないことを熟知していたからに違いない。晩年になると、「大東亜共栄圏は随分と批判があったけど、根本の考え方は間違っていません」と語ったかと思えば、(3)満州国が「進出」であったか「侵略」であったかと問われて「侵略でしょう、そりゃあ」と答えたりもしていて、(4)自由闊達の趣もあるが、少なくとも現役政治家の時代にそれに触れなかった。

ところが安倍の思考は単純かつ情動的であるので、お祖父さんが戦った大東亜戦争が侵略であったはずがない（村山談話の否定）、そのような聖戦に従軍慰安婦の強制徴用などあったはずがない（河野談話の否定）、平和憲法は日本国民が望んだものではなく米国から一方的に押し付けられたものだ（平和憲法の否定）、お祖父さんを危うく死刑にするところだった東京裁判は間違っていた（東京裁判の否定）、東京裁判で処刑されたA級戦犯を祀った靖国神社に参拝して何が悪いのか（靖国参拝批判の拒否）という具合に、一直線に突き進んでしまい、その結果、広く米欧やアジアから「歴史修正主義」の烙印を押されてしまった。

右翼愛国派は昔からこのようなことを言っていたけれども、日本国総理がそれに近いことを言ってしまったのではお終いで、なぜならサンフランシスコ講和体制をはじめ戦後の日米、日韓、日中の関係など日本を取りまいて形成されてきた国際関係秩序の基礎を破壊することになるからである。[5] 歴史修正主義とは、「歴史の解釈がちょっと違う」といった軽い意味ではなく、過去の戦争とその戦後処理、それを前提とした戦後七〇年に及ぶ国際関係の積み上げの全体を否定するつもりなのかという激しい拒絶を含んだ言葉である。親の心子知らずではなく祖父の心孫知らずで、安倍はあっけらかんと言えるほど軽々しく右翼愛国派の主張を振り撒き、自分ですべてを言わずとも周りにそういう官邸スタッフやブレーンや取り巻き評論家を集めて一つの集団として発信していて、これを中国や韓国はもちろん米国や欧州までもが警戒しないはずがない。

日米同盟強化で「中国包囲網」という虚妄

米オバマ政権の安倍政権に対する違和感ないし嫌悪感は、一般に考えられている以上に深刻である。

一四年四月のオバマ訪日を前にして、対日安保マフィアの筆頭格であるジョゼフ・ナイ＝

ハーバード大学教授は三月一六日付朝日新聞でインタビューに応じ、「日本の集団的自衛権行使はナショナリズムで包装さえしなければ、東アジアの安定に積極的な貢献を果たしうる。しかし、首相の靖国参拝や河野談話、村山談話見直しの兆候が合わさると、良い政策を悪い包装で包むことになる」と述べた。朝日はこれを、安倍の愛国路線が中国や韓国を無用に刺激して地域が不安定化することを米国が望んでいないというメッセージだと解説していたが、それだけではあるまい。米国は、日本が集団的自衛権を解禁して対米軍事協力すること自体は歓迎するが、歴史修正主義に立つ安倍がそれを弄ぶことを望んでいないという強烈なメッセージが含まれていると受け止めるべきである。実際、このナイ発言が出た翌一七日の自民党総務会懇談会では、閣議決定だけで集団的自衛権の解禁に道を開こうとする安倍のやり口に対する慎重論が噴出、中でも親中国派で知られる野田毅税調会長は「周辺国がどう見るか。日本が警戒しないといけないのは、独り善がりと見られることだ。米国が日本を助っ人として必要だと今、思っているのか。米国もありがた迷惑と思っていないか分析が必要だ」（一八日付朝日など各紙）と指摘した。

　その一カ月後に来日したオバマにとって、安倍との会談はまさに「ありがた迷惑」なものとなった。安倍は何としても大統領の口から「尖閣は日米安保の適用範囲だ」と言わせることに血道をあげ、それはつまり、日本も集団的自衛権の解禁に踏み出して米国の戦争に協力できるようにするから、米国は中国が尖閣に攻めてきたときに集団的自衛権を発動して日本と一緒に中国と戦うことを宣言してくれという懇願にほかならなかった。しかしオバマは、「日本の施政下にある領域が安保の適用範囲であることは条約に書いてある」とそこは軽くいなして、逆に「米国は中国の平和的台頭を支持している」「日本は言葉による挑発を避け、平和的に問題を解決すべきだ」と強くクギを刺した。(6)

安倍がまったく分かっていないのは、オバマは「世界の警察官を辞める」と繰り返し宣言し、実際に米国をブッシュの二つの戦争の悲惨から救い出してこの国を「戦争をしない国」、少なくとも「無闇に戦争をしない国」に造りかえようと悪戦苦闘している、戦後初めてというか、二一世紀最初の米大統領だということである。オバマは一四年五月二八日にニューヨークのウェストポイント陸軍士官学校の卒業式での演説で、米国の死活的利益が危殆に瀕する場合に例え単独でも軍事力を行使する権利を留保することを明言しつつも、「これが私の最終結論（ボトム・ライン）だ」と言って次のように述べた。(7)

「世界のどこかに解決が必要な問題があるというだけの理由で、あるいは、米国が弱腰だと見られないようにするには軍事介入だけが唯一の手段だと考える批判者たちを畏れるというだけの理由で、諸君を危険な道へと送り出すことはしない」

「米国は常に世界舞台で先頭に立ってリードしなければならず、我が軍はそのリーダーシップのバックボーンであり続けるだろう。しかし米国の軍事行動は、あらゆる機会において我々の唯一の構成要素ではあり得ないし、主要な要素ですらあり得ない。我々が最上のハンマーを持っているということは、すべての問題がクギであることを意味しない」

「単独軍事行動の代わりに、同盟国やパートナーを動員して集団的行動を組織しなければならない。外交や開発、制裁や孤立化、国連など国際機関の活用、国際法への訴え、そして、もしそれが公正、必要かつ効果的である場合には多国間の軍事行動というように、手段の幅を広げなければならない」

この演説の中でオバマは、予見しうる将来にわたり米国にとって最大の直接的脅威はテロであり、それに対処するには、テロリストが巣くう国々に対して侵攻するといったナイーブな戦略ではなしに、それらの国々ともっと効果的なパートナーシップを築く戦略にシフトしなければならないとも述べていて、要は、国家間戦争の時代は終わったと言っている。そういう考えを深めつつあるオバマが、日本の端っこの無人の岩礁をめぐるトラブルのために米国の若者の命を差し出して米中戦争を戦うことなどあるはずがないのは自明のことで、その彼に日米が手を携えて中国と戦争しようと誘いかけるなど、滑稽を通り越して狂気の沙汰と思えるが、安倍も官邸も外務省もそれに気が付いていないように見える。

実際、オバマは一四年一一月に北京で開かれたＡＰＥＣ首脳会議の機会に習近平主席と（安倍のわずか二五分の挨拶程度とは違って）二日間一〇時間にわたる会談を開き、その後の共同記者会見で「米国は中国の平和的台頭を支持する。米国のアジア再均衡（リバランス）は中国包囲網ではない」「米中が効果的に協力すれば全世界の利益となる。米中関係を新たな次元に引き上げたい」「多極化時代において中国が国際社会で建設的な役割を発揮することを期待する」と世界に向かって表明した。オバマの言う「多極化時代」とは米国の覇権の時代は終わったという意味である。ところが安倍は、米国の覇権はまだ続くと思って、集団的自衛権解禁で遅ればせながらその旗の下に駆けつければ誉められるかと錯覚していて、ましてそれが歴史修正主義の包装紙に包まれて差し出されれば米国が拒絶反応を起こすとは想像だにしていない。恐ろしい程の世界観ギャップが日米間に横たわっているのである。

こうして、⑴中国を事実上の仮想敵に設定し、⑵その中国が尖閣を軍事占領すべく侵攻してくることを最もありうる危機シナリオと想定し、⑶その際には米国が日本に対して集団的自衛権を発動して肩を並べて戦ってくれるよう予め確約を求め、⑷それを促すために日本も憲法解釈を改めて米国の戦争に対して集団的自衛権を発動して参加できるよう宣言し、⑸さらにその集団的自衛権にかこつけて海外での武力行使の実績と経験を積み上げげつつ一人前の軍事国家として自立を図り、⑹最終的には改憲によってそれを完成する――という安倍の安保論の組み立ては、すでに破綻していると いって過言ではない。米国が参加しないで「中国包囲網」など完成するはずがなく、それでも安倍がこの道を猛進すれば、米中韓露など東北アジアの関係諸国は一致して日本を警戒し始め、気が付けば「日本包囲網」に絡め取られているということにもなりかねない。そこで、安倍の戦前への逆走ではなく、かと言って本質的に冷戦時代の遺物でしかない日米安保をただ惰性で漫然と維持していくのでもなく、日本が積極的に主導して「戦争をしないアジア」を創り出していく「東アジア安全保障共同体」の構想をこれらに対置していく必要がある。

とはいえ、ここでは議論の出発点となる基本的な要点をいくつか列記するにとどめる。

第一に、拠って立つべきは、国連憲章が理念として掲げる「集団安全保障」の原理である。「国際紛争を平和的手段によって解決すること」「国際関係において武力による威嚇または武力の行使を慎むこと」（第二条）を大原則とし、それに違反して侵略などの平和を破壊する者があった場合は、各個が勝手に対処するのでなく、国連が国際社会の名において「鎮圧のための有効な集団的措置をとる」（第一条）。その集団的措置の中身は、第七章で、安保理による勧告（第三九条）、暫定措置（第四〇条）、経済制裁や外交断絶などの非軍事的措置（第四一条）、それで不十分な場合の陸海空軍による示威、封鎖その他の軍事行動（第四二条）と段階を追って定義され、以下、その軍事行動を担う国連軍部隊をどのように組織し運用するかが規定されている（第四三〜五〇条）。

また第八章「地域的取極」では、そのような国連による紛争の平和的解決やそれが叶わなかった場合の集団的強制措置が、地域的取極や地域的機関によって行われることを「妨げない」どころかむしろ「推奨しなければならない」としている（第五二条）。

要するに国連理念は、国家が個別の利害のために行う戦争を言わば「私戦」として原則として禁止し、国連と地域機関が国際公共の利益のために行う戦争のみを「公戦」として肯定することによって、後者の国連安保機能が充実するに連れて、各国が重武装して国益を争い合う野蛮が克服されていくはずだという理想主義に立つ。それが「集団安全保障」の核心である。分かりやすい比喩で言えば、国内の治安について、例えば米国では警察がまったく信用ならないから各戸が銃で武装することを合法と認めているが、日本をはじめ多くの国々では、警察にだけ銃を持たせて各戸は武装しない。これはかなり難しい選択で、強盗に押し入れられて一一〇番しても警官が駆けつけるのが遅れて殺されてしまうかもしれないリスクを敢えて引き受けることで、全戸が武装し誰もが銃を持つことができるがゆえに凶悪な銃犯罪や誤射による事故が頻発するリスクを避けるというのは、一つの覚悟である。

もちろん、この国連理念は余りに理想主義的であり、実際には戦後たちまち始まった米ソ冷戦の刺々しい現実によって裏切られ続けてきたのは事実である。しかし、だからと言ってそれが意味を失ったと見るのは早計で、剥き出しの「国家エゴ」のぶつかり合いの数世紀を人類が卒業するについて、それ以外に設定すべき目標はありえない。だとすると、逆に冷戦が終わった今だからこそ、そこまで立ち戻って、その理念と理想を冷凍保存してきた日本が率先してそれを解凍して、国連および東アジア地域における「集団安全保証」の体制を作り上げるのでなければばならない。

なお、国連憲章第五一条では、加盟国に対して武力攻撃が発生した場合に、安保理が必要な措置を採るまでの間、各国が集団的・個別的自衛権を発動することが認められているが、それを以て保守派が「国連憲章でもはっきりと認められている集団的自衛権」なのだから日本もそれを解禁すべきだと主張するのは、国連の趣旨をよく理解していない妄言である。国際紛争はあくまで平和的に解決するのであり（第三三～三八条）、それが成らずに集団的措置に出る場合もまずは非軍事的措置の積み重ねであり（第三九～四一条）、それでも不十分な時の言わば〝例外〟としてようやく国連軍などの軍事行動をとる（第四二～五〇条）。そしてさらに、安保理のその軍事行動が間に合わない場合の〝例外の例外〟として個別的・集団的自衛権の行使を認める（五一条）という構成となっていることを見誤ってはならない。しかもその場合の自衛措置は、「安保理が必要な措置をとるまでの間」と期間の限定があり、また「直ちに安保理に報告しなければならない」義務も付加されている。むしろ話は逆さまで、個別的にせよ集団的にせよ自衛権そのものを国際社会にとって私的なものとして極めて限定的・制約的に取り扱い、それを公的なものとしての国連および地域機関による普遍的・協調的な「集団安全保障」に置き換えていくことこそが、国連の本旨である。(8)

国連憲章と日本国憲法の表裏一体関係

第二に、「東アジア安保共同体」を論じる場合に欠かせないのは、日本国憲法への正しい理解である。

国連憲章と翌年の日本国憲法は、理念において表裏一体の関係にある。憲法前文の「日本国民は、恒久の平和を念願し、人間相互の関係を支配する崇高な理想を深く自覚するのであつて、平和を愛する諸国民の公正と信義に信頼して、われらの安全と生存を保持しようと決意した。われらは、平和を維持し、専制と隷従、圧迫と偏狭を地上から永遠に除去しようと努めてゐる国際社会において、名誉ある地位を占めたいと思ふ」という一文は、右翼愛国派の間ではまことに評判が悪く、憲法を書き換えなければならない大きな理由の一つにさえ挙げられているけれども、その意味は、国際社会が憲章の理念に沿って戦争のない世界をめざすという崇高な理想に向かって踏み出すというのであれば、日本は率先して軍備を捨てることを通じて、世界の中で名誉ある地位を獲得したいということで、つまりは国連憲章と憲法第九条との深い連動性を明示しているのである。(9)

崇高な理想だけでわれらの安全と生存が守れるわけがないじゃないかと右翼は嗤うけれども、悪いのは、そう信じた日本国民ではなく、そう信じさせておきながら自らその崇高な理想を投げ捨てて米ソ冷戦にのめり込み、日本にも自らが押し付けた平和憲法を裏切って再軍備するよう迫った、米国のご都合主義にほかならない。しかし、冷戦は終わり、それと共に「米国の世紀」もまた終わりつつある中で、米国も日本も、そして世界も、もう一度、崇高な理想の探求をやりなおさねばならず、その場合にどこまで立ち戻るかと言えば国連の「集団安全保障」理念であり、その〝優等生〟であったはずの憲法第九条である。日本はそれこそ率先して、国連が本来の機能と役割を取り戻すようその改革に取り組み、またそれを支える地域機関として「東アジア安全保障共同体」を創造していくべきであり、それこそが戦後七〇年に当たってのわれわれの決意でなければならない。

そこで重視すべき一つの論点は、この崇高な理想の探求は、戦後革新勢力のように「平和憲法を守れ、自衛隊は違憲だ、安保条約は廃棄しろ」と叫んでいるだけでは、緒に着くことすらできないということである。繰り返しになるが、国連理念は、その集団安全保障の機能が充実すればするほど、個別国家の軍備が不要なものとなっていくというダイナミックな発想に立っている。ということは、日本は座視していずれ世界が理想を達成してくれるのを待てばいいのではなく、積極的に国連の集団安全保障機能を強化し、またそれを支持し補完する東アジアの地域集団安保機構を創造すべく貢献しなければならない。そうすることで初めて、日本はじめ個別国家の非武装化という理想の実現が早まり、護憲が達成されるのである。

私の乏しい知識の限りでは、第九条の問題を最初にそのようなダイナミズムにおいて整理したのは、国際法の大家だった故高野雄一東京大学教授の「憲法第九条」(『日本国憲法体系(2)』所収、有斐閣、一九六五年)で、その中で彼は(1)国際社会の〝現実〟を日本国憲法の〝理想〟

に近づけるための努力を惜しむべきでない、(2)日米安保条約中心主義を国連中心主義に転換する、(3)国連主義の実践として日本は「国連警察軍」に積極参加する、(4)そのためにのみ再軍備する、(5)そうして初めて第九条は定着し安定する――という趣旨のことを述べた。

さらに、同じく東大国際法学の流れに立ち、「護憲的改憲論」の主張で知られる大沼保昭東京大学名誉教授は、この点をさらに分かりやすく展開している。彼の議論の最大のポイントは、「九条の『武力による威嚇又は武力の行使』を、日本自身の個別国家としての利益追求のための武力行使と、国連の決定・要請・授権の下に行われる国際公共価値実現のための武力行使とに区別する」ことで、『ジュリスト』二〇〇四年一月一・一五日合併号の特集「憲法九条を考える」の中では要旨次のように述べていた。

「日本が憲法九条を維持し、九条の厳格解釈にしたがった政策をとり、九条の精神を諸国に説き続けるだけでは、国際社会で頻繁に行われる各国の武力行使をやめさせることはできない。(そういう)努力は尊いが、諸国が行う現実の武力行使に対しては、日本も他の諸国と共にさまざまな方法で対処しなければならない。その中で、国連憲章を中心とする国際法によって、武力の行使を、国連による集団的措置、自衛、それ以外の違法・不当な武力行使という範疇に分け、最後のカテゴリーに属すると国連が判断したものには国際社会の全構成員が武力行使を含む集団的措置で対処し、さらに軍縮の努力を積み上げることにより、徐々に武力行使を国際社会から減少させていくという方向こそ、二次の大戦を経た国際社会が営々と取り組んできた道である。日本国憲法はそうした戦争違法化の全人類的努力の重要な一環であり、そのことは、不戦条約の語法を引き継いだ九条の文言、憲法前文に示された国際協調主義、憲法制定の過程などから明かなはずである」

大沼は一九九三年に学会雑誌に「平和憲法と集団安全保障」という論文を発表していたそうだが、私は不勉強にして、この『ジュリスト』を読むまでこの説を知らなかった。しかし、九一年の自衛隊のペルシャ湾掃海参加、九二年のＰＫＯ法をめぐって憲法と国連集団安全保障および集団的自衛権をめぐる議論が盛んになり、九三年に入って当時の梶山静六自民党幹事長が「国連憲章と日本国憲法の関わりを本当に読みこなす必要がある」と発言したのに触発されて、同年二月一日号のインサイダーで「国連憲章と日本国憲法／戦争の違法化の歴史」と題した長い記事を書き、その冒頭で「たぶん、その最も正しい読み方は……」として次のように述べた。「第一に、国連を、第二次大戦の戦後処理機関としてスタートしたその歴史的制約と、さらに冷戦が始まったことによってますますそのあり方が歪められてきた現実と、その二重の限界から解き放って、改めて憲章の根本に立ち返り、場合によって『第三の国連』ないし『地球共同体協議会』のようなものを新たに創設するくらいの意気込みで、国連改革を推進する。

第二に、立ち返るべき憲章の平和理念とは、紛争解決の手段として個別国家が武力を用いることを原則として否定して、にもかかわらずどうしても武力行使が必要な場合には、国連に超国籍的な『国連警察軍』のようなものを設置してそれに解決を委ね、その代わり各国ごとの軍備は限りなく縮小し、最終的には廃絶することをめざすという、いわゆる『集団安全保障体制』の考え方であり、そこへ向かって世界的なコンセンサスを作り出していく先頭に日本が立つ。

第三に、そのために日本は、一国の国益確保の手段である自衛隊をいかなる名目の下でも海外に派遣することはせず、他方『国連警察軍』のようなものが適切な運営・指揮体制の下で実現した場合に日本人（主として自衛隊員）が『国際公務員』すなわち国連職員の資格でそれに積極的に参加し、また応分の資金も負担する用意があることを、憲法的・法律的にも明確にする。

第四に、その場合には自衛隊は分割・再編され、必要最小限の国境警備隊的な本来の自衛隊の存在を認める一方、陸上部隊の大半を国連警察軍に提供する。あるいはさらにその一部は、非武装の災害緊急派遣部隊あるいは地球環境防衛隊（グリーン・ベレー）としてもよい。国内の自衛隊は国連の警察軍機能が充実するにつれ縮小・廃絶され、また国連警察軍は世界にそれを必要としなくなるルールが確立するにつれ縮小・廃絶されることを予定する……。

そのように国連憲章と日本国憲法の関連を捉えて、その両方を条文上でもはっきりさせて趣旨を徹底するよう努めることが、真の国連中心主義であり、また憲法を尊重する道筋である」

大沼の護憲的改憲論と同じ頃に彼と極めて近い議論をしていたことになる。またその数年後に小沢一郎とこの問題を議論する機会があり、彼もまた似たような考えであることを知って驚いたものだった[10]。

実際の国連の活動としてはPKO、PKF、国連の決議を背景にした多国籍軍（そうでない多国籍軍は論外）、将来できるかもしれない臨時もしくは常設の国連軍と、いろいろなレベルがあり、そのどれにどういう条件で参加するかしないかという議論はなかなかに厄介である。しかしそれを議論していく大前提は、国連の指揮下の公戦と、日本の指揮下で個別的自衛権を拡張して、あるいは米国の指揮下に日本が安保条約に基づく集団的自衛権を発動して馳せ参じるなどして、海外で武力行使をする私戦とを峻別することでなければならない。ところが、安倍政権の集団的自衛権解禁の議論は、安保ベースの対米協力と国連ベースの軍事行動だけでなくPKOまでもごちゃ混ぜにして、そのどれについても少しだけ海外武力行使の扉をこじ開けようとするかのような思想的・理論的混濁に陥っているし、それに対する旧左翼的な反対論も、何であろうと海外での武器使用はすべて違憲と言ってしまっていて、実は安倍と同次元にある。この不毛な対立軸を壊さない限り本当の議論は始まらない。

地域安保のモデルはOSCEとARF

第三に、国連憲章と日本国憲法の本来の理念に立って、日本が東アジアの集団安全保障体制の構築に積極的に取り組もうという場合に、モデルとなるのは、一九七五年に冷戦下の欧州で創設されたCSCE（全欧安保・協力会議、現在のOSCE＝欧州安保・協力機構[11]）と、その精神をアジアに導き入れるべくASEANが一九九五年に創設したARF（ASEAN地域フォーラム）である。

OSCEは、一九六九年に当時の西ドイツに誕生したブラント社民党政権の「東方外交」から生まれた。東西冷戦の最前線にあって東ドイツはじめソ連・東欧圏と厳しく対立してきた西ドイツであったが、ブラント首相は東欧諸国との国交樹立、独ソ武力不行使条約の締結、東西ドイツ基本条約の締結と相互承認、東西ドイツの同時国連加盟などを矢継ぎ早に実現し、こうした中で、ベルリンの壁を挟んで北太平洋条約機構（NATO）とワルシャワ条約機構（WPO）が一触即発覚悟で向かい合っている状況であるにもかかわらず、その両側のほぼすべて（アルバニアが不参加）である三三カ国が一堂に会して安保と経済と人権に関して対話を始める機運が生じ、七五年の第一回CSCE首脳会議で紛争予防を主眼とする「ヘルシンキ宣言」を発した。

OSCEが画期的であるのは、第一に、欧州という一つの地域に存在するすべての国が一堂に会して丸テーブルを囲み、軍事面での信頼醸成措置と軍縮、環境・経済協力、人権・人道の三分野にわたる広義の安全保障について話し合うという、地域版の集団安全保障体制の新しい前例を切り拓くことを通じて、冷戦を終結させる下地を耕したことである。これによって、予め仮想敵を定めて味方だけが二国間もしくは多国間の軍事同盟を結んで「抑止と均衡」を重んじて脅威に対抗するという旧来の安保原理に対して、誰をも敵と定めることなく地域のすべての国がテーブルを囲み「対話と交渉」に頼って戦争を予防し軍縮を進展させるという新しい安保原理が登場し、以後、ポスト冷戦の安保論議はこの新旧二つの原理のせめぎ合いとなっていくのである。

第二に、OSCEが生み出した「信頼醸成措置（CBM＝confidence-building measures）」という概念の重要性である。国連憲章は紛争の平和的解決を重視し「いかなる紛争でも……まず第一に、交渉、審査、仲介、調停、仲裁裁判、司法的解決、地域的機関又は地域的取極の利用その他当事者が選ぶ平和的手段による解決」（第三三条）を謳ってはいるけれども、実際にどのような手段で紛争を未然に防止するかの具体策を打ち出していたわけではなかった。それに対してOSCEはヘルシンキ宣言以降、主要な軍事演習の事前通告、オブザーバーの交換、主要な軍隊異動の事前通告などの制度を作り、その後、度々の会合を重ねてそれを拡充していった。特に目覚ましい進展があったのは冷戦終結を受けての一九九〇年一一月のパリ首脳会議で、冷戦終結を宣言すると共に、CSCEを常設機構化してOSCEとし、プラハに常設事務局を、ウィーンに紛争防止センターを、ワルシャワに自由選挙事務所（現在の民主制度・人権事務所）を置くこと、欧州通常戦力削減条約とオープンスカイズ（領空開放）条約の締結を図ることなどを打ち出した。この紛争防止センターは、信頼醸成措置と軍備管理・軍縮の結合、中長期の国防計画・戦力計画を含む軍事情報の包括的交換による透明化の促進、軍需産業の民需産業への転換についての協力、国際的な武器移転や重要技術の不拡散への取り組み、紛争地への監視ミッションの派遣など、極めて広範な任務を負っている。

こうしてＯＳＣＥは、新しい安保原理を打ち出しただけでなく着々と実績をあげてきたのだが、欧州ではそれこそ旧い安保原理の象徴であるＮＡＴＯが存続しているために、その二つの原理の軋轢が絶えない。冷戦終結後の欧州には、ＷＰＴ解体に対応してＮＡＴＯも廃止し、ＯＳＣＥを欧州安保の中心機構に育てていくという考え方もあったが、長年にわたりＮＡＴＯの主導権を握って欧州大陸の軍事と政治に関わってきた米国はそれを肯んじず、「ポスト冷戦時代になぜＮＡＴＯが必要なのか？」という問いに対しては、旧東欧やイスラム圏など「域外」共同軍事行動の必要性が消えていないと主張して強引に存続を決め、実際に九九年のコソボ空爆、〇一年のアフガン戦争、一一年のリビア空爆などが実施された。また、「東方拡大」と称してロシアの脅威に怯える旧東欧・旧ソ連邦諸国を次々にＮＡＴＯに加盟させ、ロシアとの緊張の種を撒いた。現在のウクライナ危機も、米国がＮＡＴＯ東方拡大を強引に進めようとしたことに主な原因がある。冷戦思考を卒業できない米国が新安保原理の台頭を掻き乱している形で、このせめぎ合いは今後も長く続くことになろう。

さて、このＯＳＣＥに学んでアジアに地域的な集団安全保障への道を拓こうとするのがＡＳＥＡＮが一九九四年に発足させた「ＡＳＥＡＮ地域フォーラム（ＡＲＦ）」である。当初からＡＳＥＡＮ一〇カ国に加えて域外の諸国を招き入れて、広く東アジアで信頼醸成措置、紛争予防外交、紛争解決のためのラウンドテーブル型の安保対話を広げることを目指している。現在の域外加盟国は日本を含む一四カ国と一機関（ＥＵ）である。[12] 現実には、南沙諸島など南シナ海での中国の侵出による関係国との紛争を解決することができず、その実効性に疑問を突き付けられてもいるけれども、ともかくも東アジアにおいてすでに二〇年以上にわたって地域的な集団安全保障への粘り強い努力が続けられてきたこと自体、「東アジア安全保障共同体」を展望する場合の最大の足がかりとなる貴重な資産である。

ＡＳＥＡＮは一五年末に「経済共同体」として再出発し、さらにその先、「安全保障共同体」と「文化共同体」を順次重ね合わせて行って、東南アジア版のＥＵとなることを目指している。その過程では必ず、ＡＲＦを常設機構化して東アジア安全保障共同体の創設を追求しようという機運が生じるに違いなく、その時に日本がまだ「従米蔑亜」の姿勢に囚われて冷戦後の新しい安保原理を理解すらしていないのであれば、とうていその主導権を握ることはできないどころか、むしろアジアで孤立を深めていくことになる。そのためにも、安倍政権による外交・安保の思想的・政策的大混乱を一日も早く克服することが課題である。

(1) 伊東はアベノミクスの三本の矢の「まやかし」について「第一の矢＝飛んでいない、第二の矢＝折れている、第三の矢＝音だけの鏑矢？」と端的に要約している（一四年一一月一九日付東京新聞）。
(2) 中曽根が一九四五年八月五日に高松にいて「西の空にものすごい大きな入道雲がもくもくと上がるのが見えた」「この時私は、次の時代が原子力の時代になると直感した」という趣旨のことをあちこちでしゃべっていて、それが後に彼が原発導入に力を入れる原点だという話になっているが、しかし当時、高松で広島上空の原子雲が見えたという記録は他にないので、これは虚偽発言だとも言われている。その当否は別として、いずれにしてもその当時に原発というアイデアも計画もないのだから、ここで中曽根が言う「次は原子力の時代」というのが、日本も核兵器を持たなければ話にならないという意味だったことは間違いない。ちなみに、後に中曽根は本当に核兵器製造能力を開発しようとした。そのことを中曽根をモデルにフィクションで描いたのが池澤夏樹『アトミック・ボックス』（毎日新聞社、一四年二月刊）で、実際に中曽根が総理になるという流れが生じた時に米ＣＩＡは中曽根の核武装志向を警戒し入念に調査したと言われている。

(3) 塩田潮『「昭和の怪物」岸信介の真実』（ワック、〇六年刊）。

(4) フジテレビ・逸見政孝による一九八二年八月の岸インタビュー（https://www.youtube.com/watch?v=Pp-ocj8TrDU）

(5) これについての安倍の思想的混乱が端的に現れたのは、一三年四月二八日のサンフランシスコ講和条約発効六二周年に彼が仕組んだ「主権回復の日」記念式典である。それについては、共著『東アジア共同体と沖縄の未来』（花伝社、一四年刊）所収の高野稿「安倍政権下で何が起こっているのか」五七〜六一ページを参照。

(6) このやりとりおよび在日米軍司令官の尖閣有事に対する見解については、共著『辺野古に基地はいらない！』（花伝社、一四年刊）所収の高野稿「今さらながら、辺野古に基地はいらない！」九〇〜九九ページに少し詳しく述べた。

(7) 原 文：http://www.whitehouse.gov/the-press-office/2014/05/28/remarks-president-united-states-military-academy-commencement-ceremony

(8) 周知のように、この第五一条の規定は一九四四年ダンバートン・オークス会議における憲章草案には入っていなかった。その後、四五年二月のヤルタ会談で安保理の評決方法として常任理事国に拒否権を与えることが決まったことから、その常任理事国自身やそれが支持する国が武力攻撃を行った場合に安保理が迅速に集団的措置をとったり、地域機関の対応に許可を出したりすることができなくなるとの懸念が生じた。特に、当時、全米相互援助条約の締結作業を進めていた米大陸諸国から強くこの点が主張された結果、この条項が盛り込まれることになった。

(9) 国連創設を主導したフランクリン・ルーズベルト大統領は、一九四五年四月二五日から二カ月間にわたり五〇カ国が参加して開かれた国連憲章を審議するためのサンフランシスコ会議の直前、四月一二日に亡くなっていて、憲章の成案は見ることがなかったが、彼の構想はかなり急進的で、後の常任理事国となる五大国などが軍隊を持ってそれを安保理に提供して集団安全保障を実現すれば、その他の中小国は軍備を持つ必要がないと考えていたようだ（神谷龍男『国際連合の安全保障』［有斐閣、一九五七年刊］その他）。ルーズベルトのこの考え方は、国連憲章第一七章「安全保障の過渡的規定」の第一〇六条の、安保理の第四二条に基づく軍事行動が効力を生ずるまでの間、五大国が「必要な共同行動をこの機構［国連］に代わってとる」という規定に名残を留めている。また、こうしたルーズベルトの考えがGHQ官僚を介して日本国憲法第九条に宿ったと見ることもできる。

(10) それについては高野著『沖縄に海兵隊はいらない！』（前出）二三二～二四五ページを参照。

(11) CSCEは九五年に常設機構化されてOSCEと改称された。OSCEは日本語では欧州安保協力機構と表記されるが、正確には「欧州の安全保障と協力のための機構」で、「安保協力」に関する機構ではない。「協力」には環境・経済協力や人権・人道協力も含まれる。現在の加盟国は五七で、日本は九二年以来、特別加盟国となっている。

(12) ARFの域外参加国は、東北アジアから日本、中国、韓国、北朝鮮、モンゴル、大洋州からオーストラリア、ニュージーランド、パプアニューギニア、東ティモール、南アジアからインド、パキスタン、その他に米国、カナダ、ロシア、EUである。

3　日本のモノづくりをユーラシアの活力と結合する

アベノミクスの倒錯を超えて

東アジア共同体構想はリベラル派の経済成熟戦略でもあり、それがアベノミクスの不発に終わった「成長戦略」への代替策である。

アベノミクスについて私は、それが始まる前後から、理屈としても、手順としても、方向としても間違っていて、これでは駄目だと言い続けてきた[1]。アベノミクスの目標は「デフレ脱却」である。ところが、デフレと不況を初めから混同している人がいて（安倍首相も含め？）、不況は確かに脱却した方がいいに決まっているが、デフレは一般論として本当に脱却すべきものなのかどうか、また脱却すべきだとして、資本主義全体の過剰生産と冷戦終結による労働力過剰がもたらした世界的なディスインフレの一環である日本のデフレを一国的に解決することが可能なのかどうか。さらに特殊日本的には、この国はすでに藻谷浩介が言うように[2]「人口減少社会」に入っていて需要そのものが構造的に減退し続けていくし、また「消費成熟社会」にも到達しているので、カネさえあればいくらでも消費量を拡大しようとするわけではなく、むしろ賢い消費者となって、どうでもいいものは一〇〇円ショップで済ませるが、自らのライフスタイルに関わるものについては徹底的に質にこだわった上で納得すれば多額の出費も厭わないというように、合理的・選別的な消費行動をとる。そのことを無視して、日銀がカネを刷り増して金融をジャブジャブにすれば企業は喜んで投資し、個人も財布の口を緩めて消費するだろうなどというのはブードゥー経済学である。(3) デフレとかインフレとかはカネとモノの不均衡について言われることだが、そのモノは供給と需要の不均衡に左右されるので、カネの流通量を増やせばモノの需要が増えるという方程式は、次元の異なることを一緒くたにしていて、そもそも成立しない。

まず需要を盛んにしなければ何も始まらないのだから、《第一の矢》に据えるべきは「成長戦略」であったろう。と同時に、我々が求めるのは果たして単にGDPを嵩上げするだけの量的拡大を意味する「成長」なのか、それとも需要を深耕して質的充実を図ることを重視する「成熟」なのかということの検討も十分になされるべきであったと思われるが、実に簡単に「成長」になってしまった。また、「内需」主導か「外需」取り込みかという問題も長く議論されてきて、例えば榊原英資はリーマンショック後に出した著書(4)で、「自動車を中心とする製造業が日本の輸出を支えてきたが、ここにきて状況は激変し、米国の消費が冷え込んで日本の輸出が急落し、日本のモノづくりは落日に向かう。これからは農林水産業と医療・介護など第三次産業が日本を引っ張って行くようにしなければ」という趣旨のことを論じていて、その影響かどうか、この本が出た二カ月後に誕生した鳩山政権も「内需主導経済」を掲げていた。それに対して、経済同友会代表幹事（当時）の桜井正光リコー社長は雑誌論文「経済界が望む三大成長戦略[5]」で、「一に、規制改革によって『民の力』を最大限発揮させ、二に、世界各国・地域との自由貿易関係を強化し、三に、中長期的成長分野（環境）に対する開発・事業化推進環境整備を行う」と述べた後、特に二について次のように指摘した。

「日本は資源小国で、国土も狭い。人口も少ない。内需には限界がある。……とくに内需拡大に困難さがあるわが国は、アジアの成長を取り込む必要がある。つまり、アジア市場はもはや『内需』という発想で捉え、日本を含めたアジアをひとつの経済圏とするために、戦略的ＥＰＡ・ＦＴＡの推進とその実効性を高めていく必要があろう」

私は当時から、この同友会の「アジア内需」論に賛成で、榊原の論旨を批判する長い記事を書いた[6]。その要点は、こうである。

▼日本は、かつてのように大量生産型の耐久消費財を主として米国市場に輸出して稼ぎまくった発展途上国型の経済をすでに卒業して、十分な内需を持ちながら、なお高度の技術力で他の追随を許さない高品質＝高付加価値の資本財を主としてアジア諸国に輸出して有り難がられている独特の成熟先進国型の経済に移行を果たしている。

▼そこでは、日本が高度な資本財を供給し、それを使って中国はじめアジア諸国が（日本

企業の出先を含めて）消費財を生産して輸出して稼ぎまくるという水平的な分業が成り立っていて、米国の消費不況の影響は（トヨタのような、未だに国内でかなり多くの完成車を造って主に米国市場に輸出していた〝遅れた〟消費財企業を除くと）直接的でなく間接的である。

▼この高度な資本財の供給国という世界貿易の中でのユニークな地位の獲得と維持には、大企業ばかりでなく、上述のように精密機械・部品や高度素材や環境技術やＩＴ関連のハード・ソフトなどをはじめ世界ナンバーワン・クラスの技術を持つ中小企業、ローカル企業、町工場までが大いに貢献している。

▼日本は率先、モノづくり資本主義でますます世界の模範として尊敬される道を自信を持って選ばなければならない。また二一世紀の繁栄のセンターはユーラシアであり、中国、インド、ロシア、欧州を四極としたユーラシアの大繁栄に日本のモノづくりの力を結びつけていくこと、そのようにユーラシア全体と日本とを結びつける歯車として「東アジア経済共同体」の形成にイニシアティブを発揮することが、戦略的課題となる。

▼民主党政権の経済閣僚に入閣するとの噂もある榊原が、モノづくりは終わったなどと世迷い事を言っていたのでは困ってしまう……。

アベノミクスも内需主導論を採っていて、しかもその中身は、官邸から「何か出せ」と言われた各省庁の官僚が机の引き出しを掻き回して出してきたような、内需らしきものの断片が羅列されているだけで、私が官邸周辺の関係者に「もう少しマシなものは出て来ないのか」と問うと、「カジノ誘致はいけると思う」という答えが返ってきて落胆したこともある。

戦略という以上、世界に向かってアピールするに足る価値観なり文明論なりの裏付けがなければならず、それを私は、米欧の「カネ作り資本主義」とは対極に立つ「モノづくり資本主義」に求めたい。米欧の右往左往を尻目に、日本はこの王道を行って全く新しい成熟文明のあり方を示して世界をリードする気概を持つべきで、それこそが真の成熟戦略である。

東アジアのオーガニックな生産関係

いま日本のモノづくりの最先端は、超精密加工の部品とか、工作機械や産業ロボットなど他の追随を許さない高度な生産設備とか、炭素繊維や超合金などハイテク素材とか、日本でしか作っていない、もしくは日本のものが圧倒的に品質に優れていていくら高くても世界が買い求めざるを得ない、高付加価値の「高度資本財」の分野であり、実は日本の輸出の七割はこういったもので占められている。二〇一三年の日本の輸出を、日本統計年鑑の「商品特殊分類別輸出額」で見ると、(7) 輸出総額六九兆七七四〇億円のうち、資本財が三五兆四五三〇億円（五一％）、工業用原料のうち化工品、金属品、繊維品などハイテク素材が大部分を占めるものが一三兆一四三〇億円（一九％）で、合わせて七〇％を占める。かつての高度成長時代には自動車、家電など大量生産による耐久消費財を「洪水」のように輸出する国として世界から畏れられたが、今はそれらは一六％程度にすぎない。日本はこの二〇年ほどの間に高度資本財供給国として世界貿易の中でまことにユニークな地位を確立したのである。

しかもそれは、ただ漫然と各国に輸出されているのではなく、日本が超精密部品や高級生産設備やハイテク素材などの高度資本財を作り、韓国やＡＳＥＡＮ主要国がそれを使って電子デバイスなど中間財を作り、それを中国その他に持って行って組み立てるという水平的な国際分業の仕組みができあがっていて、その関係をサムソン電子の李潤雨副会長はかつて「オーガニック（有機体的）」な関係にまで到達していると言った。[8] また黒田東彦＝日銀総裁もアジア開銀総裁時代に「過去一〇年余りで日本は東アジアに巨大なサプライチェーンを作り上げた。（後は同じ台詞で）日本は資本財、韓国とＡＳＥＡＮが部品など中間財を大工場である中国に輸出する。そこで出来る消費財は今や米国向けよりもアジア域内需要向けだ」と語っていた。[9]

李や黒田がそのことに着目したのは、すでに一五、六年前のことだが、その頃に世界貿易に占める東アジアのシェアは二六％だったのが今は三一％に（一二年）、ＩＴ関連の貿易に限れば四七％が六四％にまで拡大し、その下でオーガニックな水平分業構造はバングラデシュあたりまで広がりつつ、ますます成熟を遂げているのである。

しかも上述のように、この戦線を担っているのは大企業ばかりではない。日本には、この技術だったら世界一だとか、この製品だったら世界シェア八〇％だとかいったオンリーワンのスーパー中小企業が無数にと言っていいほどたくさんあって、お互いに切磋琢磨を続けている。前出のサムソン電子の李は別の機会に、素材・部品分野で日本が強い理由について、「日本はオンリーワンの技術力を保有する中小企業が多い。特有の匠《たくみ》の精神とたゆみない力の向上、企業の継承などを通じ、世界的な競争力を確保している。また、完成品を生産する大企業と長年の協力関係を維持し、絶えず技術開発に取り組んでいる。こうした日本の大企業と中小企業の関係もわれわれが学ぶべき点だ」とも語っている。[10] 中小企業と言えば大企業の下請けだけだと思うのは大間違いで、独自の技術力でアジア各国に進出して世界を相手に勝負している中小企業はいくらでもあって、それが日本のモノづくりの分厚さをなしている。

ここにこそ、日本が二一世紀を生き抜いていく道筋がある。日本の誇るべき精密で丹念なモノづくりの知恵の結晶体のような高度資本財が、韓国、ＡＳＥＡＮ、中国にまたがる有機体的な生産分業関係を通じて東アジアのモノづくりを主導することを通じて、二一世紀の世界の繁栄センターであるユーラシアの巨大な経済発展の可能性にしっかりと噛み込んでいく。イメージとして言えば、日本のモノづくりという超高速回転の小歯車が、東アジアの生産分業関係という中歯車としっかりと噛み合うことを通じて、中国のみならずインドやロシア、中央アジア以西のイスラム圏まで含んだユーラシアの大繁栄という大歯車を駆動し、そこで生まれる活力がまた日本へと環流する。その「ユーラシア大環流」を創り出すことが成熟戦略であり、しかもその下地はすでに出来ているというのに、それを活かすどころか、ブチ壊しているのが安倍の剣呑な近隣外交である。

ちなみに、高度資本財というのは日本のモノづくりの最先端がそこだということであって、それしか売り物がないということではない。日本のモノづくり、サービスづくり、システムづくりはどれをとっても精密かつ丹念で、例えば日本料理の繊細さや和風旅館のおもてなしが世界中から評価されるのもそのためである。その精密・丹念・繊細は、縄文以来一万年の農業の営みの中で培われた日本人のＤＮＡの一番大切な部分であるけれども、それをなぜ特に日本人が身に着けたのかというと、日本の高温多湿の風土は実は農業には不向きであって、確かに作物はよく育つけれども、それと共に雑草も茂りそれにたかる害虫による被害や細菌による病疫も甚だしい(11)。そのため毎日のように田畑を見回って、作物の微かな息づかいまで聞き取って、撫で回すようにして手塩にかけて作物を育てなければならなかったからだという。そのようにして、自然に対する豊かな感受性をベースにした日本特有のモノづくりの精神と知恵が培われてきたのである。そのＤＮＡは、最初は農家の手仕事から始まった織物、焼物、木工はじめ民芸や工芸にも伝わって、後には独立した職人に手掛けられて芸術品として尊ばれるまでに洗練されていく様々の匠の技となり、さらに明治以降の工業化の下ではそれが神の手を持つと言われる熟練工の仕事ぶりへと繋がってきた。これはサービス業でも同じで、いまアジアをはじめ世界で日本のコンビニやスーパーや外食店などのチェーンが大受けに入っていて、それも、店構えを見ただけではどこの国の誰にでも真似ができそうにみえるけれども、実はその裏側では超精密な商品・物流管理や店員教育のシステムが作動していて、つまりはシステムづくりの勝利なのだという。

私は、日本農耕文明の根本に根ざしたこのモノづくりの知恵こそが、日本の最強の〝輸出品〟であると思う。最近のニュースで、栃木県の高級イチゴとして知られる「スカイベリー」を、宇都宮大学農学部で開発された特殊なプラスチック容器に一個ずつ入れて身がどこにも触れないように固定して傷みを防ぎ、フランスに輸出して一個一五〇〇円で販売するという取り組みが進んでいることが報じられ、たまたまその関係者に知り合いがいるので一個頂戴して試食してみたが、確かにこれは、イチゴというモノを輸出するというよりも、それを四〜五日かけてフランスまで空輸してもまったく傷まないようにする〝知恵〟を輸出しているのだと実感した。ことほどさように、農産物も工業製品もサービスシステムも、知恵を使って付加価値を高めてアジアやユーラシアの旺盛な需要に切り込んでいくべきである。内需の破片探しのような偽りの「成長戦略」から早く訣別しなければならない。

ＴＰＰと日韓中ＦＴＡの手順前後

さて、日本のＦＴＡ（自由貿易協定）／ＥＰＡ（経済連携協定）の戦略は、本来は、以上に述べたような、日本を起点として韓国、中国、東南アジアへと広がっているモノづくりネットワークを防護し、その拡充・深化を促すことを最優先して、まずは東アジアに日本の居場所をしっかりと確保するものでなければならないはずで、それには日中韓三国FTAが重要な意味を持っていた。ところが、それについての産官学の共同研究がようやく終わりに近づいて翌年には交渉に入ろうかという段階の二〇一一年一一月、当時の野田佳彦首相は、APECホノルル首脳会議の席上「TPP（環太平洋経済連携協定）交渉参加に向けて関係国との協議に入る」と表明した。まだ与党＝民主党内も慎重論と積極論で二分されている中で「いや、交渉に入るのではない。そのために関係国（すなわち米国）との協議に入るのだ」という弁解を用意した上での独断行為で、その意図は、ひたすら米国のお覚えをめでたくすることにあった。中国はTPPにお呼びでなく、韓国はすでに米国とのFTAを結んでいてTPPとは関係がないので、中韓にして見れば日本がいきなり背を向けて米国との連携優先に走ったという印象を持って当たり前だった。以後、交渉は断続的に続いてはいるものの、両国との政治関係の険悪化も禍して満足すべき進展は見られないままである。ここでも、〝自民党野田派〟とまで言われた野田の「従米蔑亜」の姿勢が顔を覗かせている。

東アジアにおいて自由貿易体制の推進役を果たしてきたのがASEANであることは言うまでもない。一九九〇年代には、ASEANのAFTA（ASEAN自由貿易協定）がこの地域に存在する唯一のFTAであったが、二〇〇〇年代になるとそのASEAN全体および各加盟国と、それを囲む日本、中国、韓国、豪州、ニュージーランド、インドなど主要国との間でFTA／EPAが次々に結ばれてASEANをハブとして放射状に広がるFTA網が形成された。

今は第三段階で、そのようにしてＡＳＥＡＮとは結ばれた周辺主要国同士で横にＦＴＡが結ばれつつあって、それもそろそろ完成の域に近づいている。韓国はすでに中国、ニュージーランドと発効済、豪州、インドと妥結済、日本とは日中韓が交渉中、日韓が交渉中断中であり、また中国はすでに韓国、豪州と発効済、ニュージーランドと妥結済、インドとは共同研究終了段階、日本とは（日中韓を）交渉中というように、各国とも煮詰まって来ている中で、日本は発効済はインドと豪州だけで、中国および韓国とは日中韓を交渉中、韓国とは中断中、ニュージーランドとは二国間交渉なしで、大きく立ち遅れている。周辺主要六カ国間の貿易量は、第一位＝日中、第二位＝中韓、第三位＝中豪、第四位＝日韓、第五位＝日豪の順だが、日本は一位の中国、四位の韓国とＦＴＡを持たない。また韓国とＦＴＡを持たないのはこの地域で日本だけであり「東アジアのＦＴＡ網のミッシング・リング」と呼ばれている(12)。

このような東アジアＦＴＡ網の形成への立ち後れは、この地域に広くサプライチェーンを展開している日本企業にとっては、韓国企業などとの競争上で不利に立たされることを意味するし、また次の第四段階では、一五年末に域内の完全自由化を達成して「経済共同体」に格上げされるＡＳＥＡＮを中心に周辺六カ国も集まって「東アジア地域包括的経済連携（ＲＣＥＰ）」の交渉が始まるが、ミッシング・リングと言われてしまっている日本がその中で主導権を発揮できるわけがない。

ＴＰＰが米国の我が儘の産物であることなど見えているのに進んで擦り寄って丸裸にされて、

ベソをかきながら後ろを振り向けばアジアに友はいないというような無惨なことにならないために、もはや打つ手は残されていないように見える。最後の場面でＴＰＰのテーブルを引っ繰り返して帰って来て、日中韓からＲＣＥＰへの道筋を全力を挙げて推進するなどという鮮やかなことを安倍政権が出来るはずがないからである。

東アジア環境共同体を

東アジア経済共同体は、大きな枠組みの議論をいつまでしていても仕方がないので、多角的な協力の実りを上げやすい分野から「東アジア○○共同体」を民間主導で次々に作りだして、そのレイヤーを積み重ねていく内に自ずと全体の枠組みが見えてくるというアプローチも大事になるだろう。一例を挙げれば、環境・エネルギーは日本の知恵を活かしてアジア、ユーラシアへと協力の輪を広げていくべき分野である。

安倍政権はいま、原発の再稼働に躍起となり、あまつさえベトナム、ＵＡＥ、トルコはじめユーラシア各国に輸出までしようとしているが、あれだけの大事故を起こして世界を不安に陥れ、しかも今なお福島第一サイトでは増え続ける高濃度の放射能汚染水の処理がままならず、「汚染水地獄」とまで言われている状況では、厚顔無恥としか言いようがない。

それよりも、早急に国を挙げて取り組むべきは石炭火力発電の輸出である。意外にも、世界の発電源の主力は今も石炭で、世界平均で四〇％、エネルギー消費量世界第一位の中国では七九%、第二位の米国で四五%、第三位の日本でも二七%、さらに第五位のインドで六九%を占めている（二〇〇九年）。石炭火力のメリットは資源量が豊富で低価格で安定していることにあり、最大のデメリットはガス火力の二倍の二酸化炭素を排出することである。日本は、「超々臨界圧」と言って石炭ガスを高温で燃やして発電効率を上げ、従来型に比べて二酸化炭素を一五%程度削減する技術で最先端を行っており、石炭火力の発電効率で世界トップの四一・四%を達成している。他国と比べると、米国三七・一%、中国三五・六%、インドに至っては世界最低クラスの二八・四%に留まっている。仮に日本で運転中の最新技術を中国、米国、インドの三カ国に導入すると、二酸化炭素の削減量は年間推定一三億トンで、これは日本の二酸化炭素総排出量に匹敵する。仮のまた仮の話だが、日本政府が金を出してこの三カ国の効率の悪い石炭火力を全部、日本製の新品に置き換えると、日本は世界に先駆けて「二酸化炭素排出ゼロ」を達成してしまう。さらに次世代の「石炭ガス化複合発電（ＩＧＣＣ）」も実証機の運転が始まっている。これは石炭ガスでガスタービンを回し、そのガスの熱を用いて蒸気を作って蒸気タービンも回すことで、超々臨界圧方式と同程度の効率を実現する。その延長では、ガスと蒸気の複合に加えて、ガス化の際に生まれる水素ガスを活用して燃料電池発電も併設してトリプル化し、発電効率五五%、二酸化炭素をさらに三〇%削減する「石炭ガス化燃料電池複合発電（ＩＧＦＣ）」も二〇二〇年代に実用化することも視野に入れている。これで中国、米国、インドの石炭火力をリプレイスすると、二酸化炭素削減量は二六億トン、現在の日本の総排出量の二倍となるのである。

環境派は石炭と言えば汚いと毛嫌いするが、私は逆に日本の石炭火力技術には大いなる夢があって、国内でも原発を再稼働するよりも安価な石炭火力をドンドン増やして、その分、天然ガスの輸入を抑えつつ、「水素エネルギー社会」の実現までの間をつなげばいいし、海外に対しても、米国はともかく、中国とインドに石炭火力の先端技術を普及して原発の増設にブレーキをかけ、最終的には日本と共に「東アジア水素エネルギー共同体」の形成を目指すべきだと考えている。

水素の技術も日本は世界最先端である。一四年末にトヨタが世界に先駆けて燃料電池車「ミライ」を発売し、二〇一五年は「水素元年」と呼ばれている。その普及にはまだ、肝心の水素ステーションの建設はじめいろいろ課題が山積みで、特に原発推進派からは足を引っ張るような論調も流されているが、それはある意味で正しくて、実は水素は脱原発の決め手になるのである。政府・経済産業省は一四年四月に出した「エネルギー基本計画」で初めて水素社会の実現という一項を盛り込み、自民党には水素議連までできて、その会長である小池百合子衆議院議員が東京都の舛添要一知事を盛んに煽って「東京五輪を水素五輪にしよう」という取り組みが始まっていて、まことに結構なことなのだが、それでいて経産省がまだ二〇三〇年代に原発の発電比率を二〇%にするか三〇%にするかと悩んでいるのは滑稽で、水素の普及を早めれば早めるほど原発は要らなくなるということが理解できていないのである。

これを説明し出すとまた長くなるので、結論だけを述べるが、第一に、水素エネルギー社会とは、単に水素を新しいエネルギー源の一つに加えるという話ではなく、現在の「電力ベース」のエネルギー社会を「水素ベース」のそれに転換することなのである。今は、石炭やガスや原子力や水力などのエネルギー源で何はともあれ「電力」にして末端まで送電するが、その最大の欠陥は貯蔵が利かないことにある。水素ベースに変えるということは、元が何であっても、出力が不安定な風力や太陽光であってさえも、それを「水素」の形にして貯蔵し、必要な時に必要なだけ電力と熱を取り出す。ということは、第二に、電力社会はどうしても集権的で、遠隔地の巨大な発電所で起こした電気を送電線と電柱を通じて末端まで送らなければならないが、水素社会は本質的に分権的で、徹底的なエネルギーの自給自足、地産地消を実現できることになる。今の家庭用燃料電池「エネファーム」は（これも、実用機が八万台も普及しているのは日本だけだが）都市ガスを改質して水素を作って発電・発熱し、余った電力は売電するので、ガスと電力の集権的供給網から自由にはなれないが、これは過渡期の姿で、近い将来には、太陽光や風力で作った電気で水を電気分解して水素を作って溜めておいて、必要なだけ取り出して電力と熱を生むという完全自立型のエネルギー供給が、家庭でもビルでも病院でも工場でも可能になるだろう。地域単位でバイオマスで水素をつくる独立型小型発電所も内外の各地ですでに稼働が始まっている。

水素関連技術の特許出願数では、日本は六万五〇二三件のダントツの世界トップで、米国の二万九六七七件、中国の一万四九一〇件、ドイツの一万二六〇四件、韓国の一万〇三二九件を大きく引き離している。この優位を活かして、日本が世界に先駆けて水素エネルギー社会を実現するだけでなく、それを中国はじめ東アジアに速やかに移転して「東アジア水素エネルギー共同体」の方向を指し示せば、もう誰も海底石油資源を争ったり、原発の是非をいつまでも論争したりする気は起こらなくなるに違いない。

もう一つ夢のようなことを付け加えれば、沖縄には原発がない分、エネルギーでも本土より先に行っていると言える。欧州では、デンマークのロラン島とかフランスのコルシカ島とか、島を丸ごと水素エネルギー社会にしようというプロジェクトがいくつも始まっているし、宮古島ではすでにサトウキビを活用したバイオ・エタノールの実験が進んでいる。それを含めて沖縄が「アジアで最初の水素の島」を目指すことも出来るのではないか。

いずれにせよ、日本が二一世紀、改めて自分らが持っている世界に誇るべき資産に気づき直し、再び活力に満ちた経済社会を作り出そうとするなら、それは「アジアの中に生きる日本」を前提としなければ話が始まらない。ひとたび日本人がその覚悟に到達すれば、日本は沖縄を先導役としてアジアに回帰していくことになるのかもしれない。

かつて徳川日本が〝鎖国〟している時代、明から清にかけての中国は世界最大の経済大国で、その巨大な経済力と各地に進出し定着した華僑のネットワーク力を背景として、マラッカを中心とする東南アジアには東・南シナ海からインド洋までをつなぐ一大自由貿易圏が形成されて繁栄を誇り、琉球王国もその一員として広い海洋舞台を闊達に動き回って独自の富と文化を築いた。川勝平太＝静岡県知事が言うように[13]「自由貿易」は何もアングロ・サクソンの専売特許ではなく、その歴史的な原型はむしろ東南アジアにあるのであって、だから今日、ＡＳＥＡＮが東アジアのＦＴＰ／ＥＰＡを終始一貫リードし、また沖縄県がかつての「国際都市形成構想[14]」や現在の「沖縄二一世紀ビジョン[15]」などを通じてそれと積極的な関わりを求めつつ自立的な将来像を描こうとしているのは、ごく自然の成り行きなのである。四〇〇年後に再び東アジアに巡ってきた世界史の大きなうねりを、従米蔑亜のままの日本では到底、捉えることができずに、取り残されていくばかりとなる。いまこそ沖縄を先導役として東アジア共同体づくりに向かわなければならない理由が、そこにある。

（１）「インサイダー」二〇一三年七月一日号「アベノミクスは〝狂気の沙汰〟である／最近の高野講演録より」、同一四年二月三日号「世界が怪しみ始めたアベノミクスの行方／〝靖国参拝〟が決定的な転換点に」、同一四年一〇月一三日号「安倍政権の前途にはだかる〝一一月の壁〟／諸矛盾が集中して生じる乱気流？」など。
（２）藻谷浩介『デフレの正体』、角川新書、二〇一〇年刊。
（３）伊東光晴は「なぜこのような理論が安倍政権ではまかり通るのか」と問われて、「本格的な経済学をやっていないグループが首相のブレーンだから。理論上あり得ない幻想」と切り捨てている（東京新聞一四年一一月一九日付）。
（４）榊原英資『大不況で世界はこう変わる』、朝日新聞出版、二〇〇九年刊。

(5) 桜井正光「経済界が望む三大成長戦略」、『Voice』二〇〇九年一一月号。
(6) インサイダー二〇〇九年七月二一日号、「日本は〝モノづくり資本主義〟で世界をリードする！／榊原英資への異論」。
(7) 総務省統計局／日本統計年鑑／第一五章／一五・三。「商品特殊分類別輸出額」は消費財、資本財、工業用原料を区別して統計しているので、輸出の〝質〟が見えるメリットがある。
http://www.stat.go.jp/data/nenkan/15.htm
(8) 二〇〇九年九月一一日付日本経済新聞
(9) 二〇〇九年九月七日付日本経済新聞
(10) 二〇一〇年八月三〇付朝鮮日報日本語版
(11) 橋口公一「農業再生に向けて、率直に認めるべき農業不適地・日本」（日本学術会議『学術の動向』二〇一三年九月号）
(12) みずほ総合研究所「東アジアFTA網構築は終盤へ」（みずほインサイト、二〇一五年一月一五日号）
(13) 川勝平太『資本主義は海洋アジアから』（日経ビジネス人文庫、二〇一二年刊）
(14) 国際都市形成構想：http://www.asahi-net.or.jp/~lk5k-oosm/info/masterplan.html
(15) 沖縄二一世紀ビジョン：http://www.pref.okinawa.jp/21vision/

第3章　政治史の中で考える東アジア共同体構想

中島政希

はじめに

政権交代が目前に迫った平成二一年（二〇〇九年）年八月、鳩山由紀夫民主党代表は『私の政治哲学』と題する所信を発表して、東アジア共同体を必然とする時代環境について語った。鳩山論文は、東アジア共同体を必要とする要因について特に、中国の台頭がアジア太平洋の国際環境に歴史的変容をもたらしていることと、グローバル化時代の逆説として国民国家のナショナリズムが先鋭化し制御不能に陥っていることを挙げ、アジアでデファクト（既成事実）として進行する経済統合を地域的な安全保障の枠組み作りにまで進めるべきだと論じている。

鳩山論文が指摘するようにこの時代の特徴的な政治現象は、経済のグローバル化の進行とともに諸国にナショナリズムの原理主義化とも言うべき現象が顕著になっていることだ。東アジア諸国では、実務的に処理することが困難な領土や歴史認識などが政治シンボル化され、国内統治と外交政策を行き詰まらせている。

グローバリズムの放恣とナショナリズムの過剰をいかにして制御するかは、現代における最大の政治課題と言わなければならない。

尖閣や竹島のような領土帰属に関する対立や歴史認識に由来する対立は、二国間の交渉で根本的な解決が見出せるような性格のものではない。鳩山論文が指摘するように「政治的統合を阻害している問題は、実は政治的統合の度合いを進める中でしか解決しないという逆説に立っている」。それはEUの経験でも明らかである。ナショナリズムの過激化が国家間の深刻な対立に発展することを防ぐために、経済協力と安全保障を合わせた地域協力の枠組み作りを進めることは大きな意義を持っている。

鳩山論文は、一部が翻訳されて米誌に掲載され、反米的な論文であるとの批判を浴びた。しかし全体を通読すれば、正確な時代認識と建設的な提案を伴ったもので、もちろん国家的自立への意思は強く感じるが反米的な趣旨ではないことは明らかだ。五年前の鳩山論文の認識は基本的には間違っていない。

鳩山政権の崩壊とともに政界から一掃されたかの感がある東アジア共同体構想を再構築する道はあるか、以下、日米、日中関係の歴史をたどりつつ考える。

1　日米同盟と日中協商

日米同盟の始まり

今でこそ「日米同盟」という活字を見ない日はないが、「日米同盟」という言い方は戦後日本では長く使われることがなかった。「日米安全保障体制」、略して「日米安保体制」と呼ばれた。戦後の平和主義的雰囲気を反映したもので、軍事同盟を連想させる表現は長く忌避されてきた。日米同盟という表現が日本社会で公認のものとなったのは、それほど昔のことではない。一九八〇年代以降のことだ。

戦後の首相が「日米同盟」という表現を初めて用いたのは、昭和五四年（一九七九年）の大平正芳首相とカーター大統領の首脳会談の時で、安保条約締結から三〇年近くたったころだった。公式文書で初めて「日米同盟」の表現が使われたのが、昭和五六年（一九八一年）の鈴木善幸首相とレーガン大統領による日米共同声明だった。ソ連がアフガニスタンに侵攻（一九七九年一二月）して東西の緊張が高まった時期のことだ。

戦後長らく米国は日本に対して、一方において左翼勢力が増大して中立化するのではないかと懸念し、他方において日本核武装につながりかねない自主防衛論にも警戒的だった。昭和三五年（一九六〇年）の安保改定の背景には、マッカーサー駐日米大使らの日本中立化への危機感があった。したがって一九七〇年代まで、米国が日米安保体制の片務性を強く問題視するような雰囲気にはなかった。

日本側にしても、佐藤政権の頃には、政府内にも民間にも自主防衛論や核武装論が存在したが、これは大勢とはならず、むしろ米軍駐留にともなう不祥事、騒音、諸特権などが「基地問題」として社会問題化し、歴代政府を悩ませていた。しかも、その頃は戦後左翼勢力の全盛時代で、安保条約反対運動、沖縄返還運動、ベトナム戦争反対運動など、日本人のナショナリズムは「反米」感情として噴出することが多かった。

今日では想像できないがデモといえば反米デモのことだった。反米ナショナリズムは米国大統領の訪日も許さないほど強いもので、米大統領の初来日は終戦後二九年を経た昭和四九年（一九七四年）のフォード大統領のときようやく実現した。ベトナム戦争時には米軍機が日本の基地から出撃することに反対する大規模なデモが行われるような時代だった。政府はベトナム戦争を支持したが、とても同盟国としての義務を国民に説くような状況ではなく、ひたすら反米感情を刺激しないように努めるのが精一杯だった。

しかし、日本の経済力が増大し、自動車産業に代表される米製造業は衰退を余儀なくされ、日米貿易摩擦が恒常化するにつれて、米国内の日本への不満が高まってきた。そこにソ連のアフガニスタン侵攻というショックが加わった。デタント（緊張緩和）は崩れ、冷戦時代は最後の高揚期（新冷戦）を迎えた。

米国からは、日米安保のお陰で軍事費を節約できたから日本は経済成長した、もう経済大国になったのだから応分の負担をすべきで、それが経済大国としての国際的責任だ、といった批判（いわゆる「安保ただ乗り論」）が浴びせられるようになった。米国からの防衛力増強を求める圧力が強まり、国内でも「ソ連脅威論」が台頭し、米国の要請に応えて、防衛費増額やシーレーン防衛に積極的に取り組むことが「国際的責任」を果たす道だと説く人々が政界言論界でも増大した。

日米貿易摩擦と新冷戦という国際環境のもとで、安保条約は占領政策の継続であり、米国の都合で日本は仕方なく基地を提供している、というそれまでの日本社会の気分を一新したい暗黙の合意が日米外交当局に生じたのである。それが大平首相や鈴木首相に戦後初めて日米同盟という言葉を用いさせた背景だった。

昭和五六年（一九八一年）五月の日米共同声明では「日米両国間の同盟関係」という表現を用いるとともに、「両国間の適切な役割分担が望ましい」「在日米軍の財政負担をさらに軽減する」などと謳った。多くの国民は、このとき日米安保体制と言い慣わされてきたものが、実は日英同盟や日独伊三国同盟と同じ「軍事」同盟であることを政府から初めて明言されて驚いた。マスコミは一斉に「軍事同盟色強まる」との批判を展開した。

鈴木首相は国内的配慮から、首脳会談後の記者会見で「日米同盟は軍事的意味合いは持っていない」と発言し、これを高島益郎外務次官が「ナンセンスだ」と公然と批判、結局伊東正義外相が辞任する騒ぎにまで発展した。「同盟」は軍事的協力関係を本質とするものだから、鈴木首相の発言はいかにもその場しのぎのごまかしだった。しかし、これは戦後日本社会を支配していた空想的平和論や軍事的思考を否定する雰囲気がいかに強かったかの証左でもある。

首相が国民に自他を欺くような説明をしなければいけない時代は正常とはいえない。しかし今のように何かというと「日米同盟、日米同盟」とお題目のように唱えて神聖視し、批判を許さないような風潮もまた正常とは言い難い。同盟は手段であって目的ではない。

戦後ある時期までは保守政界には、日米安保を手段として割り切る考え方、言いかえれば対米自立感情は広範に存在した。たとえば昭和四一年（一九六六年）の第一次佐藤内閣で外相を務めた椎名悦三郎は、国会で日米安保について問われた時、「米国は日本の番犬のようなものだ」と答弁して憚らなかった。今なら内外に多大の物議を醸す発言だろう。米英に抗して大東亜共栄圏の夢を追った革新官僚として、軍門に下ったとはいえ、米国何するものぞ、の気概は長く残っていたのだろう。

ちなみに、革新官僚とは満州国や企画院などで統制（計画）経済の実務を担当した高級官僚たちのことであり、当時国家社会主義を志向する軍部内や政官界の勢力を革新派と呼んだ。岸信介とともに満州経営にあたった椎名らが自民党の、企画院にいた和田博雄、勝間田清一らが社会党の大幹部となったように、革新官僚たちは戦後の自民党や社会党の源流の一つになっている。外務省内にも三国同盟を推進した白鳥敏夫ら革新派（枢軸派）がいたが、その中には牛場信彦のように戦後熱心な親米派になった人物もいる。時代とともに言葉も人も転変する。戦前の革新派は敗戦後総じて親米派に転向した。何十年か後に親米保守派が一斉に親中派に宗旨替えするような時が来るかもしれない。

日本外交のジレンマ

敗戦とともに大東亜共栄圏を推進した軍部や政官界の革新派は占領軍よって排除され、戦後政界には逼塞《ひっそく》していた吉田茂らの親英米派が復活し、彼らの手によってサンフランシスコ講和が実現した。革新派は独立後追放解除となったが、もはや米国と戦おうという意欲は喪失しており、それよりも共産主義革命への恐怖の方が切実だった。戦後保守政界は旧親英米派と旧革新派による反共連合体制となった。反共イデオロギーが政治思想的大転向をもたらし、仇敵米国への依存を正当化した。米国の庇護下におかれたとしても、日本はアジアで唯一の近代工業国家であり、やがて経済大国を実現し、その先には政治大国への道が開かれているはずだった。「大日本主義」の夢は米国が創った戦後世界秩序のなかでも生き続けた。

「『大東亜共栄圏』とその『嚮導者』という戦時下の概念が、戦後は軍事・政治上の概念を払拭して、経済上の概念として維持・転用された。米国が日本を東アジアの冷戦における経済的先兵として確保する必要が『大東亜共栄圏』の遺産を日本に残した」のである（三谷太一郎「アジアの冷戦と脱植民地化」『岩波講座　近代日本と植民地8』所収）。

昭和三五年（一九六〇年）の日米安全保障条約の改定は、革新官僚の雄であった岸信介首相の強い意志によって実現した。岸が改定した安保条約は、内乱条項の削除、米国の日本防衛義務の明記、条約期限の設定、「事前協議」制度創設など、形式上は吉田内閣による旧条約より改善されたと言える。

改定された安保条約は、第五条で「日本の領域における、いずれか一方に対する武力攻撃」に対して「自国の憲法上の規定及び手続きに従って」共同防衛に当たると規定している。日本領域における米国への武力攻撃とは、米ソ戦などに際しての在日米軍基地への攻撃を想定したもので、領域外での米国への攻撃には適応されない。この片務性を補う意味で第六条では、「日本と極東の平和と安全の維持に寄与するため」に、米国が日本国内の米軍基地を自由に使用してよいと規定した。ただし、この六条についての交換公文で、米国が国際的な戦闘行動を起こす場合の在日米軍基地使用については「事前協議の主題とする」とされた。しかし周知のように、その後米国のさまざまな戦争に日本の米軍基地が使用されてきたにもかかわらず、この規定に基づく事前協議が行われたことはこれまで一度としてない。

実際のところ、日米安保条約はその本質において、当初から日本防衛のためのものと言うより、「極東の平和と安全」のための基地自由使用協定としての性格をもつものであった。そして事前協議制度が名存実亡化している以上、何が極東の安全と平和に寄与する軍事行動なのか、その判断は米国の一存によるところに帰す。それどころか、後述するように、基地の自由使用を必要とする事態は、やがて極東の範囲を超えていくことになる。

岸首相は、敗戦と米ソ冷戦という時代環境のもと、米国との提携のなかで大国日本の再現を模索したのである。彼が目指したのは日本の国家的自立であった。しかし軍事的政治的な米国依存と大国としての日本の自立の間には大きな矛盾が横たわっている。それを高坂正堯は岸信介論のなかで「日本外交のジレンマ」と評した。

「それはむしろ、日本外交のジレンマ、すなわちアメリカと提携しながら独自の行動をとることの困難性を示しているのである。日本がアメリカと提携しながら、その行動の自由を増大させようとする場合、一方では日本の行動の自由はアメリカとの信頼関係に比例するが、しかし他方ではアメリカとの信頼関係を固めるような措置は、アメリカ以外の国に対する日本の外交的能力を減少させ、したがって日本外交の行動の自由を減少させるからである」(「吉田茂以後」昭和四三年〈『宰相吉田茂』所収〉)

安保改定から五十余年、今も日本はこのジレンマから脱却することができない。むしろますますその隘路で呻吟している。

同盟と協商

「同盟」とは、現実の敵あるいは潜在的な敵の存在を前提として、複数の国が条約によって軍事活動を中心とする一定の政治的軍事的共同行為を約束し提携すること、を言う。だから「同盟」が、勢力均衡に寄与し、膨張を志向する国に対して抑止的効果を持つこともあれば、仮想敵を前提とする故に、相手もこれに政治的軍事的に対抗するので、かえって地域の緊張を高めることもある。日独伊三国同盟はその例だ。

同盟国間の協力にはいろいろな様態があり、戦闘行為を共にしなければ同盟が成り立たないというものではない。第一次日英同盟は、一方が第三国(ロシアを想定)と戦闘状態となった時、好意的中立を保つというもので、その他の国が参戦したときにのみ戦闘義務が生ずるというものだった。日露戦争時の英国の対応は、今流にいえば後方支援だった。つまり、後方支援は軍事同盟維持のための立派な貢献であり、集団的自衛権の行使に当たる。

かつては「同盟」（alliance）とともに外交関係を表す言葉として「協商」（entente）という言葉があった。「協商」とは、軍事的相互援助義務を含まない国家間の協調提携関係を言い、条約に基づくことも、首脳間の非公式な誓約関係である場合もある。日露戦争後、満蒙の勢力範囲を決めた日露協商（協約）がその例だ。「協商」は大国間の外交関係を表す用語として馴染み深いものだったが、現代の国家関係を表現する言葉として「同盟」は復活したが、「協商」は今も復活していない。しかし、昭和四七年（一九七二年）の国交正常化以降の中国との関係は「日中協商」関係と見做して差し支えない。

それは「日中共同声明」「日中平和友好条約」から「東シナ海ガス田共同開発合意」に至る明文化された条約や合意、首脳間の口頭合意で裏付けられたものであり、さまざまな問題をはらみながらも日中両国は協調関係を維持してきた。後世外交史家が、この四〇年間の日中関係を「日中協商の時代」として描いたとしても何ら不思議はない。

この間、経済面の依存関係についていえば、日米と日中の関係は完全に逆転した。日本の貿易総額に占める相手国のシェアは、平成二年（一九九〇年）には、米国二七・四％、中国三・五％であったものが、平成二五年（二〇一三年）には米国一三・一％、中国二二・六％（含香港）となった。

中国の経済成長にともない、日本の製造業が苦境に陥り、製造業で雇用を維持することが難しくなっていることも事実で、中国の経済大国化を素直に喜べない気持ちも分かるが、一九八〇年代、九〇年代には日米間でも同様な事態が生じていたのである。われわれはそれを何とか乗り切ってきた。中国の軍事的膨張傾向も不快な事実だ。しかし日本には、米国と戦うという選択肢がないのと同じように、中国と戦うという選択肢もあり得ない。それが大東亜戦争の最大の教訓であったことを忘れてはならない。

実際、日米中三国は、経済的依存関係からすれば、到底戦争をできる関係ではない。中国は日本にとって米国と並ぶ輸出市場であり、最大の輸入相手国となった。中国にとって米国は最大の輸出市場であり、日本は最大の輸入相手国になった。そして米国にとって中国と日本は、第一、第二の債権国であり、米国債の海外引き受けに占める日中両国を合わせたシェアは四〇・四％にも及ぶ。しかし、昭和戦前期の日本が最大の貿易相手国であった米国と戦ったように、経済的相互依存関係の深化が自動的に戦争を防ぐというものでもない。

鳩山内閣退陣以降、日中両国の政治関係は急速に悪化し、このままでは四〇年続いた日中協商が崩壊する恐れなしとしない。これは、きわめて深刻な事態だと言わなければならない。

われわれは、戦後日本外交にとって、「日米同盟」が日本外交の基軸であったことはもちろんだが、「日中協商」もまたその重要な柱であったことを再認識しなくてはならない。

日中協商の誕生

一九五〇年に締結された「中ソ同盟条約」では、その第一条で仮想敵国として日本を名指し、「両国の一方が日本またはこれと同盟している他の国から攻撃を受けた時には、軍事的および他の援助を与える」と規定した。この同盟は形の上では一九七九年四月に中国が破棄通告するまで続いていた。

中華人民共和国は建国当初ソ連の強い影響力のもと、「向ソ一辺倒」（毛沢東の言葉）を外交方針としていた。しかし両国は次第に対立を深め、一九六九年には中ソ国境で大規模な武力衝突が起こり、中ソ対立は抜き差しならないものとなった。そこで毛沢東、周恩来ら中国首脳部は外交方針を大転換し、それまで敵としていた米国、そして日本と国交を正常化し、ソ連を牽制する方向に舵を切った。中国の仮想敵は、日米からソ連に一変したのである。

ベトナム戦争の泥沼化に悩み、対中関係改善を模索していた米国もこれに応じ、一九七一年二月にニクソン大統領が訪中して国交樹立の方針に合意した。米国の方針転換を日本はまったく知らされていなかった。これはニクソン・ショックと呼ばれ、米国を盲信して台湾支持政策を続けた佐藤栄作内閣や親米勢力は大きな打撃を被り、一時的に威信喪失状態に陥った。それは戦前の米中反日同盟を思い出させる悪夢だった。

戦後米国が大きな軍事行動や外交方針の変更を決定するに際して、日本に何か相談するとか、事前の承認を求めるということはなかった。日米安保条約改定で決まった事前協議制度が使われたこともない。米国の決定した行動にどう付き合うか、米国の政策変更によって生じた国際環境にいかに対応するか、というのが戦後日本外交の実態であり、それは冷戦後も変わらない。そして現在でも親米保守派の深層心理には米中提携への恐れがある。

中国は、佐藤内閣退陣による政権交代の時機をとらえて日本にも国交正常化をもちかけ、佐藤の後を襲った田中角栄内閣もこれに積極的に応じた。昭和四七年（一九七二年）九月、訪中した田中首相と周恩来首相との間で「日中共同声明」に合意し、国交正常化が実現した。

この国交正常化交渉の過程で、中国は、日本に対してかなり譲った印象がある。これは当時の中国首脳部が対ソ牽制を最優先とし、日本との国交正常化を急いでいたことが大きな要因だった。賠償請求の放棄や尖閣諸島問題の棚上げなどはそのためだった。周恩来は「小異を残して大同につく」と語った。

さらに昭和五二年（一九七七年）八月、福田赳夫内閣により「日中平和友好条約」が締結された。日中平和友好条約第一条は、主権および領土の尊重、相互不可侵、内政不干渉、互恵平等、平和共存のいわゆる平和五原則を掲げ、両国は「すべての紛争を平和的手段で解決し、武力及び武力による威嚇に訴えないことを確約する」と誓約した。これは今日においても大きな意義を持っている。

中国は「日中共同声明」「日中平和友好条約」により日本を仮想敵国とする中ソ同盟を捨て、日本との政治的経済的提携を進める「日中協商」の道を選択した。それは日中双方にとって、正しい選択だったと言えよう。以後、日中「貿易協定」「航空協定」「海運協定」「漁業協定」などが次々と締結され両国関係は安定軌道に乗った。

「日中協商」の成立により日本国内の中国脅威論は急速に凋んだ。中国の核実験（一九六四年）をきっかけに中国脅威論が高まり、佐藤内閣時代には、民間だけでなく政府内でも核武装の是非が検討されていたのである。中国脅威論が現実味を失ったために、日本核武装論も鳴りをひそめた。

覇権条項と対ソ関係の悪化

周恩来とニクソンによる「上海コミュニケ」、また「日中共同声明」「日中平和友好条約」には、いわゆる「覇権条項」がある。覇権主義という言葉は、米ソ超大国が自国に有利な国際環境を作ろうとして政治的軍事的な力を行使することを批判するために中国が使い始めた政治用語であり、この時期にはソ連を批判する意味の表現となっていた。

中国は「日中平和友好条約」に覇権条項を盛り込むことを求め、これに難色を示す日本との交渉は数年にわたり難航した。当時日ソ関係は、北方領土問題はあったが、深刻な対立関係にあったわけではなく、田中政権は、デタント（緊張緩和）という国際環境を背景に日ソ平和条約の締結も模索していた。日本としては、中国が主張する覇権条項を条約化することで、いたずらにソ連を刺激することを危惧していた。しかし中国側の姿勢は固く、最終的には日本が妥協し、第二条に「両締約国は、そのいずれも、アジア・太平洋地域においても又は他のいずれの地域においても覇権を求めるべきではなく、また、このような覇権を確立しようとする他のいかなる国又は国の集団による試みにも反対することを表明する」と記載し、第四条に「この条約は、第三国との関係に関する各締約国の立場に影響を及ぼすものではない」と規定することで決着した。

日中関係は安定軌道に乗ったが、逆に日ソ関係は冷却化していく。消極的であったとはいえ日本が日中平和友好条約に覇権条項を盛り込んだことは、明らかにソ連を刺激した。日中が提携してソ連に対抗するという意図を露わにした、と受け取られたとしても不思議ではない。

ソ連は日中の提携を警戒し、日中平和友好条約交渉の過程で、日ソ善隣協力条約を提案してきたが、北方領土については「解決済みであり、両国間には領土問題は存在しない」との立場を主張した。これは北方領土問題を「未解決の問題」とした昭和四八年（一九七三年）の田中・ブレジネフ共同声明から大きく後退するもので、このため日本国内の反ソ感情は高まり、両国の関係は以後ソ連崩壊まで冷却したまま進む。

このことも含めて、当時ソ連の指導部は高齢化し硬直化しており、情勢判断の誤りが目立ち、それがアフガニスタン侵攻など膨張主義的な行動につながっていった。私はそのころ石田博英労相（日ソ友好議員連盟会長）の政策秘書をしていたが、彼が「アフガンは日本にとっての満州、アメリカにとってのベトナムと同じような泥沼になるぞ」と警告したのに対して、当時のポリャンスキー駐日ソ連大使は「いや三カ月で片付きます」と応えたものだった。満州での日本も、アフガンでのソ連も、ベトナム、イラクでの米国も、軍事大国というものは自己の力を過信して時にとんでもない判断の誤りを犯すものなのである。「前車の覆《くつがえ》るは後車の戒め」（『漢書賈誼伝』）と言うが、これは中国にとっても最大の歴史の教訓であろう。

「日中共同声明」「日中平和友好条約」のいずれの場合も、当時の日中交渉で最大の問題は、台湾問題や覇権条項問題であり、尖閣諸島の帰属問題はそれほどの論争もなく棚上げされた。棚上げの合意があったことは、園田直外相や栗山尚一条約課長ら当時の関係者が証言している。ソ連は「両国間には領土問題は存在しない」という外交上きわめて無神経な言葉で日本国民を激昂させたが、いま外務省は同じ言葉を尖閣諸島について用いている。領土紛争を激化させないためには、実効支配している側が相手国に対する挑発的な行動を慎まなければならない。

日米同盟と日中協商の並存を可能にしたのは、ソ連の軍事的脅威であった。それ故、ソ連の崩壊は、日米同盟と日中協商それぞれの存在意義を希薄化しただけではなく、日米同盟と日中協の並存を困難ならしめる大きな国際環境の変化を意味するものであった。

歴史問題の登場

日中協商関係は、一九九〇年代前半まではほぼ順調に推移した。教科書問題、中曽根内閣の靖国神社公式参拝問題、天安門事件など問題は起こったが、日本からの多額の経済援助もあって中国経済は拡大を続け、政治関係もほぼ平穏だった。天安門事件は中国の国際的イメージを傷つけ、欧米からの経済制裁を招くことになった。国際的孤立を避けるため中国は日本との関係を重視し、当時の海部俊樹内閣も「中国を孤立させるべきでない」との方針をサミット等で展開した。中国はこれを多とした。平成四年（一九九二年）には中国の熱心な招請を受けて天皇陛下の訪中が実現した。このころが日中関係の最も順調な時で、日本の世論調査でも対中国感情は極めて良好だった。

しかし冷戦終焉後、一九九〇年代後半に入ると、両国の関係は波乱含みとなる。中国経済は毎年一〇％を超える高度成長を続け、やがて二〇一〇年にはGDP額で日本を抜き、米国に次いで世界第二の経済大国となるに至る。かつての日本がそうであったように、経済大国になるにつれて中国には、日本（そして米国も）何するものぞ、とチャイナ・アズ・ナンバーワンの自信と気概が漲り始めた。他方、これまた日本がそうであったように高度経済成長の結果、格差拡大、環境悪化、政治行政の腐敗など社会的歪みが蓄積するところとなった。

冷戦の終焉と高い威信をもった鄧小平ら革命第一世代の退場は、経済発展による中間層の拡大、民主化要求の高まりと相俟って、中国共産党一党支配の正統性維持や階層間、民族間の統合の困難さを増大させた。共産党独裁政権の正統性と国民的統合を維持する手段として、共産主義イデオロギーに頼ることができなくなった江沢民政権時代の中国は、それを反日ナショナリズムに求めることとなった。

しかも中国社会でも急速に進んだインターネットの普及は、政治への不平不満とナショナリズムに新たな表現方法を付与し、時として共産党政権を以ってしても制御不能の混乱をもたらすようになった。自由化、民主化の空間が広がれば広がるほど反日ナショナリズムが高揚する時代となったのである。

平成一〇年（一九九八年）の江沢民主席の訪日は、日本に歴史問題を突き付けたため、実り少ないものとならざるを得なかった。歴史認識という実務的に解決困難な政治シンボルが両国の外交関係に持ち込まれたことで、日中協商は新たな困難な時代に入った。

中国の軍事的脅威が問題にされ始めたのもこのころだ。平成七年（一九九五年）五月、中国は核実験を行い、これに抗議して橋本龍太郎内閣は対中ＯＤＡを一時的に停止した。この年の七月と翌年三月には、李登輝総統のもとで自立傾向を強める台湾の初めての総統選挙に圧力をかけるために、東シナ海でミサイル発射など大規模な軍事演習を行なった。これに対して日米の警戒感は高まり、台湾有事も想定した日米安保の再定義が急速に進み、「日米安保共同宣言」「日米防衛協力のための指針（新日米ガイドライン）」が決まった。日米は明言しなかったが、台湾海峡を日米安保の適用範囲としたことは明らかであり、中国はこれを警戒し反発した。

さらに平成八年（一九九六年）には尖閣列島の領有権問題が紛争化した。日本の右翼団体が魚釣島に私製の灯台を設置し、これに対抗して香港の反日活動家の抗議船が押し寄せる事態となった。日本も中国も政府レベルでは冷静な対応をしたため事態は沈静化したが、これ以降、尖閣諸島領有権問題が政治シンボル化し、日中双方の国民レベルでナショナリズム感情が高揚することとなった。

日中協商の動揺

そこに小泉純一郎内閣が登場する。平成一三年（二〇〇一年）四月、彼は自民党総裁選挙で靖国参拝を公約として総理総裁となった。そして就任後この公約を忠実に実行し、任期中毎年参拝を実行した。さらに平成一七年（二〇〇五年）二月、日米の外務防衛閣僚による日米安全保障協議会の共同声明では、台湾が日米安保条約の対象地域であることを初めて明言し、これを中国は、日米同盟が中国を仮想敵視するものとなった、と受け取り、激しく反発した。

こうした政治的対立状況下で、日本が平成一七年（二〇〇五年）秋の国連総会を目指して安保理常任理事国入りを目指す多数派工作を展開したことは、中国朝野をいたく刺激することとなり、大規模な反日デモが起こった。以後中国は首相の靖国神社参拝と常任理事国入り問題を絡め「安保理の正当性は第二次世界大戦の戦果に基づく。第二次世界大戦の結論に疑問を呈する試みは認めない」と主張するようになった。

冷戦後、外務省が進めてきた米国と一体化して国際秩序維持活動に努めることで国連常任理事国の地位を狙うという目的は、中国の反対であっけなく頓挫した。

小泉内閣期の日中の政治関係は冷却し、日中首脳会談は四年余にわたって開催できない状況が続いた。他方、この間の日中関係は「政冷経熱」と言われたように、両国の政治的関係の悪化にもかかわらず、経済関係はさらに拡大を続けた。バブル崩壊後低迷した日本経済は、中国の高度経済成長に支えられて息をついていた状態だった。その結果、二〇〇〇年代半ばには、日本の貿易総額に占める中国（含香港・マカオ）のシェアは二割を超えて、米国をしのいで中国が日本の第一の貿易相手国となった。中国は、日本の輸出市場として、米国市場を上回る存在になったのである。

日中政治関係は、小泉内閣に代わった第一次安倍晋三内閣の登場で好転する。中国でも反日色の強かった江沢民政権に代わり実務派の胡錦濤政権となっていた。両国の新政権は関係改善に動き、平成一八年（二〇〇六年）六月、首脳会談にこぎつけ、日中関係を「戦略的互恵関係」と位置付けた。続く福田康夫内閣では東シナ海のガス田共同開発に合意し、政権交代後鳩山内閣のもとでもこの方針を再確認した。

しかし順調に進むかに見えた「日中協商」関係は、鳩山内閣の時を頂点として、その退陣以降にわかに暗転した。尖閣諸島国有化問題をきっかけに悪化した日中の政治関係は今も冷却したまま続いている。「日中協商」は解体の危機に瀕している。それは日本にとっても、中国にとっても不幸なことだ。

マハティール元マレーシア首相は「われわれは『中国はそこにいる』という事実を受け入れなければならない」と述べている（「日経ビジネス」平成二六年六月九日）。「現在」（実際に目の前に存在するもの）を正しく評価することが政治的リアリズムの根本である。危機を迎えている今の日中関係を前に、「日中協商」という言葉でこれまでの日中関係を理解し、その「現在」が日本の安定的発展にとって不可欠のものであったこと、そしてその継続が日米同盟とならんで重要な課題であることを改めて認識しなおす必要がある。冷戦の終結という世界史的出来事は「日米同盟の再定義」をもたらしたが、中国の台頭という同じく世界史的な出来事を踏まえて、「日中協商の再構築」を目指すことが現下最大の外交課題として現前している。

2　「普通の国」論の命運

「普通の国」論の台頭

一九八〇年代は日本の経済的台頭が著しい時代であり、それは米国での「日本脅威論」につながっていった。実際八五年には米国が七〇年ぶりに債務国に転落し、日本は逆に世界一の債権国に浮上した。貿易不均衡に対する米国からの是正要求がますます厳しくなり、「ジャパン・バッシング」という言葉が流行した。冷戦が終焉し米国は唯一の超大国となったが、ソ連の軍事的脅威の代わりに、日本の経済的脅威が米国を脅かす存在になると受け取られたのである。

そこに湾岸戦争（一九九一年）が起こった。日本の関与が経済的支援にとどまり、軍事的貢献を行わなかったことで、米国から強く非難されたことは、外交当局をいたく失望させた。外務省は長年国連安全保障理事会の常任理事国となることを目標としており、そのためには米国の後押しと国際的理解を得ることが欠かせない。何らかの形で軍事的な役割も担えるようにしなくてはその目的を達することはできない。日本は「普通の国」になるべきだ、という議論が台頭した。

「普通の国」は、自民党幹事長として湾岸危機や北朝鮮の核開発危機に直面した小沢一郎氏が、その著書『日本改造計画』（講談社、平成五年）で展開したことで人口に膾炙するところとなった。この本は実際には、政治改革については御厨貴氏と飯尾潤氏、安全保障については北岡伸一氏、経済については竹中平蔵氏と伊藤元重氏が書いたという（御厨貴・芹川洋一『日本政治ひざうち問答』日本経済新聞出版社、平成二六年）。彼らは当時少壮の学者たちで、それぞれ後に各政権の政策決定に少なからず関わることとなる。とくに北岡氏はその後外務省とのつながりを強め、国連大使として安保理常任理事国入り工作の最前線に立ち、第二次安倍内閣の安保法制懇座長代理として集団的自衛権行使容認論のまとめ役も務めるなど、普通の国路線の理論的指導者となった。

ただ海外での自衛隊の活動について、集団安全保障（国連）重視か集団的自衛権（日米同盟）重視かで両者はかなり相違がある。小沢氏は国連の承認を前提とした海外活動を重視し、北岡氏は対米軍事支援協力を重視する。実際、小沢氏はイラク戦争時の後方支援活動は集団的自衛権行使に当たり憲法違反だと批判した。それは二国間主義と多国間主義の対立とも言える。

小沢氏は国連を理想化しているというより、米国の独断を抑制し同盟関係を健全に機能させるためには多国間協調主義が必要なのだという現実的判断にもとづくものだろう。それは冷戦後の日本外交が国連中心主義とは名ばかりで、極端な二国間主義に傾いていることへの批判であった。しかし二人の議論は、当時も今も、内閣法制局の憲法解釈を超えた「進んだ」議論である。

何を以って「普通の国」と言うかは難しい。大方の理解では、日本は経済力にふさわしい国際的貢献をすべきだという意見であり、それはとくに軍事的役割の拡大つまり自衛隊の海外での活動を認めるべきだということだった。具体的には、まず国連の平和維持活動（ＰＫＯ）に積極的に参加するということであり、さらには米国と一体で国際秩序維持活動に当たれるように国内諸制度、諸法制を整えるということだった。

国連の平和維持活動に協力できるようにする、というところまでは、大方の国民的合意は可能だった。もちろん社会党の反対はあったが、平成四年（一九九二年）にはＰＫＯ協力法案が成立した。普通の国論者や外務省の意図するところは、さらに進めて米国が主導する国際秩序維持活動に自衛隊を派遣できるところまで持っていきたいということだった。国連の多国籍軍や米国主宰の有志連合への自衛隊派遣、さらには日本の領域防衛を超えての日米共同の軍事活動にも参加すべし、日米同盟を米英同盟のごとくせよ、との意見まであった。そのためには、憲法を改正するか、憲法解釈を拡大するかしなくてはならない。

この「普通の国」論は、ジョセフ・ナイ（クリントン政権国防次官補）やリチャード・アーミテージ（ブッシュ政権国務次官補）らを始めとする米国の対日政策担当者（いわゆるジャパン・ハンドラー）たちの主張と軌を一にして展開されてきた。三度（二〇〇〇年、二〇〇七年、二〇一二年）にわたって出されたアーミテージ・ナイ報告書は、一貫して日本に軍事的な意味での対米協力体制の確立を求めている。その第二次報告書では、集団的自衛権行使解禁が日本の国連常任理事国入りの前提だと謳い、第三次報告書に至っては、「集団的自衛権の禁止は同盟の障害である」と断じ、果ては原発再稼働、ＴＰＰ参加、防衛機密保護法制の整備、イラン有事の際の掃海艇派遣、ＰＫＯでの武器使用制限の見直しなど事細かな要望が並んでいる。

振り返ってみると、冷戦後の日本の外交・安全保障政策は、ジャパンハンドラーと呼応する外務防衛官僚を牽引力とした普通の国路線を推進する諸勢力と、普通の国路線に疑義をはさむ諸勢力とのせめぎ合いの過程だったとも言える。

日米安保条約の「解釈改正」

平成八年（一九九六年）の橋本龍太郎首相とクリントン大統領による日米安保の再定義に関する共同声明（「日米安全保障共同宣言」）と翌年の「日米防衛協力のための指針」（新日米ガイドライン）は、事実上の安保条約の再改定であった。

「同盟」は仮想敵の存在を前提として成り立ち、機能する。ソ連という仮想敵国が消滅した時、

「日米同盟」は存在意義を問われることとなった。初期のクリントン政権は、冷戦の終結により軍事的脅威は消滅した、次なる脅威は日本の経済力だ、との認識に立って、厳しい対日要求を次々と突き付けた。

緊張する経済関係を政治的対立に発展させないように、日米双方で日米安保体制の再構築が模索され、ナイ・イニシアティブと呼ばれた「日米安保再定義」に帰結した。ジョセフ・ナイ国防次官補の主唱するところ（『東アジアの戦略報告』）は「日米同盟は地球規模での戦略目的を達成する基礎」であり「日本はアジア太平洋の枠を超えて世界の安定に貢献しなければならない」ということだった。

前述のように台湾海峡の緊張や不透明な北朝鮮の核開発問題がそれを加速した。ソ連に代わり中国と北朝鮮の脅威が、日米同盟を継続させるための役割を与えられた感があった。日米安保条約維持のために、中国や北朝鮮の脅威が誇張され、利用されたという批判もある。

日米安全保障共同宣言は、特定の敵を想定せず、冷戦後も日米同盟が継続することを改めて確認し、それをアジア太平洋の安定装置であると位置づけた。翌平成九年（一九九七年）、これを具体化した日米防衛協力のための指針（新日米ガイドライン）が決まった。曰く、「日米同盟関係は、日本の安全確保にとって不可欠のものであり、また、アジア太平洋地域における平和と安全を維持するために引き続き重要な役割を果たしている。日米同盟関係は、この地域における米国の肯定的関与を促進するものである」と。

要するに、ソ連の侵攻に備えた日本本土防衛のためのものであった日米安保条約を、「アジア太平洋」全体の秩序維持を目的とするものに改めたのである。かつて岸内閣の安保改定に際して、安保条約第六条が適応される「極東の範囲」が大問題となったことを思えば隔世の感がある。アジア太平洋という概念はあいまいで、広く中東までも含むこともある。日米安保条約の大きな変容であり、その本質は、その時々で米国が国際秩序維持のために必要だと判断する軍事行動に、程度はともあれ、自動的に協力しなければならないということであり、言いかえれば、米国が「敵だ」と判断した国を日本も敵として対応しなければならないことを意味する。

新ガイドラインでは、昭和五三年（一九七八年）の旧ガイドラインになかった「周辺事態への協力」という項目が加えられた。安保条約第六条を相当無理して拡大解釈したものだ。周辺事態とは「日本の平和と安全に重大な影響を与える事態」とされ、日本は周辺事態に際しての米軍の活動に対して、後方地域支援、機雷除去など数十項目にわたる協力を行うこととなった。後方地域支援とは、いわゆる「兵站」業務のことで、補給、輸送、整備、衛星、警備、通信が別表として列記されている。

このガイドラインの履行のため、平成一〇年（一九九八年）に「周辺事態法」が成立した。改めて周辺事態とは「そのまま放置すれば我が国に対する武力攻撃に至るおそれのある事態等わが国周辺の地域における平和及び安全に重大な影響を与える事態」と定義され、それは地理的概念ではなく、事態の性質に基づくものだとされた。

この一連の日米安保再定義は、事実上の安保条約改正であり、本来であれば国会の批准を必要とするものだった。それほど重大な安保体制の変容を意味するものであったにもかかわらず、日米両国の外務防衛官僚が主導するままに、解釈改憲ならぬ「解釈改正」として進められた。この安保条約の解釈改正は必然的に昭和憲法第九条の更なる「解釈改憲」を招来するものであり、第二次安倍内閣による集団的自衛権を認める憲法解釈の変更の淵源はここにある。

日米同盟はアジア太平洋の安定のための公共財だ、というような自画自賛の評価が外交当局から発信され始めたのもこのころからだった。しかし他方、当然の成り行きとして、中国では日米同盟の仮想敵がソ連から中国に変わったのではないかと疑ったが、この時は日米両国ともこれを否定した。やがて勃発した同時多発テロは、米国の中国脅威論を後背に退かせた。

対テロ戦争へ

実際の史的展開からすると、ソ連に代わる日米同盟の仮想敵は中東の反米イスラム勢力となった。平成一三年（二〇〇一年）九月一一日、米国はイスラム過激派による同時多発テロに見舞われた。この年一月に誕生した共和党ブッシュ政権は、イスラム過激派によるテロを共産主義に代わる新たな敵であるとし、米国はテロリスト及びテロ支援国家に対して自衛権に基づく先制攻撃を行うことができるとするいわゆるブッシュ・ドクトリンを明らかにした。ブッシュは言った「諸国は米国につくのか、テロリスト側につくのか、いずれかをはっきりさせせなければならない」と。米国は、「有志連合（Coalition of the willing）」諸国を率いて、対テロ戦争に突入していった。日本も否応なくこれに従うこととなった。

米国本土が襲われ、これに自衛権の名を以って米国が反撃するという事態は、日米安保条約が予想もしない展開だった。この事態にNATOは集団的自衛権を発動して臨んだ。日本も同年一〇月、「テロ対策特別措置法」を制定した。これにより周辺事態法が想定していた自衛隊派遣の地理的範囲に関する制限は一気に取り払われ、武力行使をせず、相手国の了解があり、戦闘が現に行われていない地域であれば、事実上どこへでも自衛隊を派遣できる道を拓くこととなった。

９・11の衝撃の中で行われた対アフガニスタン戦争はともかく、対イラク戦争については、欧州諸国でも、日本でも反対の声が上がった。もちろん米国内にも多くの反対はあった。当時イリノイ州選出の上院議員だったオバマ氏も反対を主張した。しかしブッシュ政権は、ネオコンの影響力の強まる中で対イラク開戦にのめり込んでいった。対イラク戦争開戦時の各国の対応は、英国は米国とともに攻撃に参加し、イタリアと日本はこれを支持し、ドイツ、フランス、カナダ、ロシア、中国が反対を表明するというものだった。

日本は先進国としては、ユダヤ、キリスト、イスラムという三大一神教の永年の抗争に無縁で来た唯一の国だ。石油の安定供給のために中東の安全は日本にとって死活問題だろう、対テロ戦争に協力するのは当然だろう、と言われても、日本は、親米イスラム諸国、反米イスラム諸国、いずれの中東諸国との関係も悪くない。彼らも、非白人非キリスト教民族として唯一近代化に成功し西欧に伍した国として、大東亜戦争の評価を含めて、日本に好意的だ。

　私は日本がイラク戦争を支持することや戦後イラクに自衛隊を派遣することには一貫して反対だった。私は政治における軍事の必要性を否定したことはないし、自衛隊の海外での適切な活動も必要だと考えている。私が当時、米国のイラン攻撃に反対したのは、それが中東の秩序を破壊し、さらなる混迷をもたらすだけだと予想したからだ。何よりも、それがイスラム教世界とユダヤ・キリスト教世界とのより深刻な対立に発展しかねず、その結果日本もその火の粉を被らざるを得ないことを恐れたからである。自国民の康寧を図ることを第一とすることは主権国家として当然のことであり、利己的行動と非難される筋合いのものではない。欧米とは立場が違うのだ。

　反米イスラム勢力を日米同盟の新たな仮想敵として米国と共同行動をとることには、護憲派ならずとも保守勢力にも躊躇があったのは当然のことだった。また海外での武力行使は、昭和憲法の固く禁じるところだという主張も根強いものがあった。

　冷戦後、憲法九条の解釈は柔軟性を増し、先述のとおり、国連の平和維持活動への参加を容認するところまで拡大された。さらに小泉純一郎内閣は、米国の対アフガニスタン戦争、対イラク戦争を支持し、後方支援、人道支援のための特別措置法を作って、インド洋やイラクの非戦闘地域に自衛隊を派遣した。しかしこれは建前としては国連決議に基づくものとされ、日米同盟による集団的自衛権の行使とはされていない。

　米国の対日政策担当者は、米国の対テロ戦争の物的人的支援に消極的な日本の姿勢を不満とし、日本の憲法解釈が障害になっていると見做した。そこで、この障壁を取り除くよう外務当局はじめ日本の親米保守勢力に働きかけるようになった。それがここ十数年続く「集団的自衛権」論争の背景である。

未だなされていないイラク戦争の検証

　イラク戦争は平成の日本外交史上もっとも大きな出来事だった。イラク戦争とは何であったのか。戦争の大義名分だったフセイン政権の大量破壊兵器の保有やアルカイダとのつながりは、米国自身の調査によって否定され、米国内においてもイラク戦争を大義なき戦争、無駄な戦争だったとする主張が多くなってきている。なぜ日本（小泉内閣）は、米国内にも世界にも多くの異論があったこの戦争を、易々と支持し、協力したのか。アメリカでもイギリスでも第三者委員会による徹底した検証が行われ、ブッシュ大統領やブレア首相も喚問されている。ところが日本ではイラク戦争についての検証がまともになされていない。

　民主党政権下、イラク戦争検証議員連盟の活動などを受けて外務省が行った検証の報告書概要が、平成二四年の総選挙直後の一二月二一日に発表された。しかし外務省は、「これは日本政府が米英等の武力行使を支持したことの是非自体についての検証ではない」と言い、しかも僅かに四ページの概要を公表しただけであり、全文は、「各国との信頼関係を損なう恐れがある」として非公開となった。アメリカの調査が公開と透明性を旨とし、報告書も五〇〇ページに上る詳細なものであったことに比して、日本の対応はあまりにお粗末と言わなければならない。外務省は民主党が大敗してほっとしたに違いない。こんな不十分な検証結果さえ非公表とした本当の理由は、関係者の責任問題に発展することを恐れたからだろう。

そんな中で、この間の政策決定過程にかかわった責任者である柳澤協二元内閣官房副長官補が『検証 官邸のイラク戦争』（岩波書店、平成二五年三月）を発表して話題を呼んだ。彼は、防衛庁官房長を経て、平成一四年から二一年まで安全保障・危機管理担当の内閣官房副長官補として小泉、安倍、福田、麻生の四内閣に仕え、イラク開戦時から自衛隊のイラク派遣と撤収まで事務方の責任者だった。著書は全体に慎重で婉曲な表現で綴られているが、イラク戦争を支持した当時の日本の対応を、誤りであった、としていることは明らかだ。しかも日米同盟の在り方にも根本的な疑義を表明している。

「（イラクへの自衛隊派遣は）アメリカがリードする世界において、アメリカに協力することによって日本の国際的威信を高める好機となるはずであった。だが、小泉政権による安保理常任理事国入りは挫折し、今や、『アメリカがリードする世界』は過去のものとなった。総じて言えば、日本がイラク戦争を支持した『よほどのプラス』はなかった」

これは極めて正直な述懐だ。冷戦後外務省も防衛庁も、外交防衛政策で米国と一体化を進めることで国際的地位の向上を図り、延いては国連安保理常任理事国入りを果そう考えていた。私はかねてからこれを「大日本主義」路線として批判してきたが、それを推進した当事者がその誤りを認めたのである。

彼が今日深刻に回顧しているように、当時の日本の選択は「日米同盟の維持」が自己目的化していた結果であり、日米同盟維持のためには開戦支持しかないという「空気」の中でなされたものだった。しかし同盟は手段であって目的ではない。

「周辺諸国との自己認知を巡る対立においては『アメリカの同盟国としての日本』というアイデンティティ以外の自己認知をもたないことが決定的なハンディキャップとなる。さりとて、日本のアジア侵略を美化するような、復古的アイデンティティが通用するはずもない。日米同盟だけに頼らない戦略的思考軸と、その前提となる日本の国家像が必要な所以である」「同盟を優先すればアイデンティティを保つことができない。そこには『世界の中の日米同盟』が抱える根源的な矛盾があった」と。これがイラク戦争時の事務方責任者の結論だ。

これはイラク戦争への日本の対応を厳しく検証すれば当然に導かれる結論であり、さすればこれが日本政治全体の反省となり、新たな「国家像」を模索する道につながっただろう。しかし日露戦争後も大東亜戦争後もそうだったように、徹底した国民的検証を行わずに惰性で進むのが日本人の政治的習性になっている。

日本には大量破壊兵器の有無を判断する情報がなかった、それ故判断の誤りはやむを得ないという人もいる。しかしそれは間違っている。

ブッシュ政権も正確な情報に基づいて開戦を決定したのではなかった。最後は大統領とその周辺によるネオコン的価値観によって開戦に踏み切ったのである。だから大量破壊兵器の不存在という事実に直面しても、強気でいられる。しかし日本の選択を正当化する唯一の情報だった大量破壊兵器存在が否定されたとき、当時の日本の政策決定過程参加者たちの足場は崩壊する。多くはブッシュ氏と同様、独裁政権を倒し民主化を実現したのだから良しとする立場に居直っているが、柳澤氏のように、深刻にこれを受け止めた人もいたのだ。その誠実さに敬意を表するに吝かではないが、終戦後に軍部首脳がいろいろ言い訳を並べ立てた記録を読んだときと同じような、割り切れない気持ちになったことも事実である。

日本が、イラク戦争支持を留保する決定を下せなかったのは、当時の官邸に、ネオコン的価値観に対抗するだけの価値観がなかったからだろう。それどころかイスラム文明への理解、アラブ世界への共感、あるいはパレスチナ民衆への同情というものもほとんどなかったのではないか、と疑わざるを得ない。柳澤氏が言うように、当時の官邸や外務省や防衛庁の要路にあった人々は、「日本と米国とその他の世界」という世界観しか持ち合わせていなかったのだろう。

いつの時代においても十分な情報、正確な情報が、政策決定者の手に集まるわけではない。指導者はいつも十分な情報もない中で決定をしなければならない。そしてそれを補うのは、指導者の歴史観や価値観や経験知と言うことになる。日本になかったのは「情報」ではなくて

「哲学」だったのである。

「普通の国」論の帰結

「同盟」は本来共通の敵を想定することで成立する国家関係であり、もし特定の仮想敵を持たない「同盟」ということになると、その時々の情勢で、「誰か」が「誰が敵であるか」を決めることになる。春秋戦国時代ではそれを「覇者」と言った。同盟国中で最も力を持つ国のことだ。覇者たる国が、天下を乱す国を特定して、諸侯を駆り催してこれを討伐する。「春秋に義戦なし」（『孟子』）と言う。それが本当に天下の平安に災いをもたらす敵なのか、覇者のご機嫌やご都合で決まったものなのか、にわかには断じがたい。しかし覇者の命令には従わざるを得ない。さもなければ自分が討伐されてしまう。主従関係に近い国家関係にならざるを得ない。

それは対テロ戦争に際しての「有志連合」と表現される国家関係に似ている。冷戦の終焉でソ連という共通の敵を失ってからは、米国と同盟関係にあった日本など旧資本主義陣営諸国との関係は、覇者と諸侯のような主従にも似た関係にならざるを得なかった。

かつてブレジンスキー（カーター政権大統領補佐官）は、日本を米国の「保護国（Protectorate）」と言った（『The Grand Chessboard』一九九七年刊）。冷戦後の二〇年は、「普通の国」化を日米同盟の強化、米国の国際秩序維持活動への協力体制の整備とのみとらえて突き詰めていくことに汲々とした時代だった。もちろんそれがすべて無駄だったわけではない。

しかし実際のところ、日米地位協定の見直しはタブー視され、日米安保共同宣言で合意したはずの基地縮小は遅々として進んでいない。基地縮小と地位協定改定に努めたドイツの冷戦後の歩みとは大違いだった。国内の一等地を外国軍基地が占拠する国が普通の国なのか、という疑問は今も変わらずに発せられている。日米同盟の強化のみを至上の国益として追求すると、結果として市民益あるいは社会益が切り捨てられ、米軍基地の永久化、米国ルールによる国民経済の破壊が進むという根深い批判があるのは当然のことだ。

小泉首相は「日米関係が緊密であればあるほど、中国や韓国との関係も良くなる」と語ったものだった。周辺諸国との関係を日米関係の函数視する思考は親米保守派に根強く続くが、現実がそれほど単純でないことは、小泉内閣期以来の外交的経験で明らかだ。日米同盟の強化路線が自動的に周辺諸国との関係改善をもたらすものでもないし、日本の影響力拡大につながるわけでもない。

外務省が夢中になって進めた平成一七年（二〇〇五年）の国連常任理事国入り活動は、折からの中国と政治関係悪化の中で進められ、結局大失敗に終わった。日本、ドイツ、インド、ブラジルを新たに常任理事国とするという決議案に対して、外務省の必死の努力にもかかわらず、共同提案国になったアジアの国はわずか三カ国（ブータン、モルジブ、アフガニスタン）にすぎず、日本が戦後営々として経済援助に努めたASEAN諸国で共同提案国になってくれた国は一つもなかった。政治大国化を目指して、向米一辺倒で来た冷戦後の日本外交の、これが一つの皮肉な到達点だった。

普通の国論者は、米国といつも同じ行動をするなら別に安保理に席を置かなくてもいいのではないか、という諸国の冷笑にどう応えるのだろうか。「普通の国」とは政治的に自立し自己決定できる国だ、という別の視点で見れば、普通の国を目指したはずの冷戦後の二〇余年は、結果としてさらに「保護国（Protectorate）」化を深めたのではないか。たしかに、「保護国」が常任理事国というのもおかしなものだ。

さて、舞台は再び回った。米国は中東での戦闘に疲れ、アフガニスタンからもイラクからも、撤兵することになった。時を同じくして、東アジアでは台頭する中国の膨張的傾向が日本を始め近隣諸国の警戒感を呼ぶところとなった。

第二次安倍政権の今日までの外交路線は、周辺諸国とともに中国包囲網を形成し、日米安保条約を中国を仮想敵として機能するものに変貌せしめるところにある、と見做されても否定できない。そうなると集団的自衛権問題は今までとは別の色彩を帯びざるを得ない。

反米イスラム勢力を日米同盟の仮想敵として集団的自衛権を行使することには日本に躊躇があった。中国を日米同盟の仮想敵として集団的自衛権を行使することは米国が躊躇している。少なくとも米政官界に戸惑いや意見の相違がある。そう見るのは私だけではあるまい。

「戦後レジームからの脱却」論の隘路

安倍首相の理念とも言うべき「戦後レジームからの脱却」は、これまでの「普通の国」とも質的に異なる路線だ。それは「日中協商」を破壊するだけでなく、「日米同盟」とも両立しがたいテーマであり、本気で追求していくと深刻な事態を招きかねない。

「戦後レジーム」とは、戦後日本の在り方を規定している国際な枠組み、つまり「サンフランシスコ平和条約体制」を指す。これは「日本は帝国主義国家として米国とアジア太平洋の覇権を争って敗れた。敗戦後、米国の覇権を受け入れ、連合国に恭順の意を表して国際社会に復帰した」。戦勝国側からすると、「戦前の日本は悪者であり、連合国の正義の前に敗れた。日本は軍国主義者を駆逐して平和的民主主義国家になると誓ったので、連合国（United Nations＝国際連合）の仲間に入れてやった」という理論的構造を持っている。

これがサンフランシスコ平和条約体制の意味するところだ。この連合国正統史観という点では、アメリカも中国もロシアも（また連合国ではないが韓国も）共有するところであり、靖国参拝問題や東京裁判批判が連合国の正統性を侵すものとして、激しく排斥されるのはこのためである。

「戦後レジームからの脱却」と言うと、このサンフランシスコ平和条約体制つまり戦勝国による世界秩序に異議を申し立てる印象を与えざるを得ない。第二次安倍政権に対して、最近の米国はかなり批判的なコメントを繰り返しているが、これは首相の「戦後レジームからの脱却」

の方向性が「サンフランシスコ体制否定」につながるのではないかとの危惧によるものだ。

東京裁判への批判は、昭和二〇年代から日本社会に広く存在したが、それを声高には言わないというのが、戦後日本の生き方であり、吉田内閣以来の保守政権の狡知でもあった。もちろん大東亜戦争については日本にもいろいろと言い分がある。連合国側の戦争犯罪についてもまたいろいろ言いたいことがある。しかし、アジア太平洋で覇権を目指した戦前の日本の立場を声高に主張することは、中国や韓国だけでなく米国を敵に回すことを意味する。

これは日本が敗戦国として我慢しなければならない「壁」で、現在もこの見えない壁は厳然として日本と日本人の前に立ちはだかっている。

戦後の保守政治家は、このことをよく認識していた。戦後保守政権は、サンフランシスコ体制を受容し、つまり東京裁判を受け入れて占領を終了させ、連合国（国際連合）の仲間に入れてもらうという選択から始まった。だから大東亜戦争についての日本の言い分については、「語らない」という以外の選択はなかった。それが敗者の宿命であり、敗者の作法であった。

平成一七年（二〇〇五年）に中国で反日デモが激化したとき、サンフランシスコ講和にもかかわった宮沢喜一元首相が「日本は二一世紀も我慢しなければならないのかと思った」とコメントしていたのが印象的だった。敗戦国として自国のナショナリズムに自己抑制的であることが円滑な国際関係を築く上での処世だということだろう。院外の右派勢力はともかく、戦後、政権を担い続けた保守勢力は、ハト派とタカ派で度合いの差はあれ、「我慢しなければならない」ことを知っていた。

要するにサンフランシスコ体制は、「日本人の我慢」を前提としていた。そこには戦後日本の保守政界の我慢を可能にしたいくつかの心理的な要因があった。第一に、敗戦によって明確になった米国の圧倒的な軍事力と経済力に対する畏怖であり、第二には、ソ連など共産主義勢力への恐れと警戒感であり、第三には、アジア地域における日本の優位性への自負であった。しかし、今や日本人の我慢の前提が大きく崩れ去った。共産主義の脅威は消滅し、米国の覇権は衰えつつあり、敗戦後も変わることなかったアジアの第一人者の地位は、中国に取って代わられた。経済的には韓国が日本の製造業を脅かすにいたった。常任理事国入りの挫折が象徴するように、政治大国への夢は、中国や韓国の台頭とともに幻に終わろうとしている。

日本人の我慢を支えてきた要因が失われ、日本人は方向感覚を喪失している。アイデンティティ・クライシスに陥っている日本人にとって、復古主義はその心の隙間を埋めてくれる麻薬のようなものだ。安倍政権は、そうした時代の雰囲気の中で、戦後保守政権が暗黙の常識としてきた「我慢の壁」を、意識的に乗り越えようとした。

しかし戦後レジームの壁は余りにも高く厚い。結局のところ、安倍首相の気分としてのナショナリズムは、日米同盟強化を錦の御旗にして、集団的自衛権の行使を内外に認めさせよう、ということに落ち着いたようだ。これは軍事・外交政策での日米一体化をさらに推進する方向であり、冷戦後に外務・防衛当局が強く希求してきたところとも一致する。対米軍事協力の障害を一気に除去する好機だから、彼らも応援する。

だがこれは同床異夢と言うべきだろう。安倍首相の本心は、日本の国家的自立にあると思う。憲法改正が難しいので、とりあえず解釈改憲で九条の頸木から脱し、普通の国のように軍事行動の自由を得る第一歩にしたい、ということだろう。

しかし、これは戦後レジームからの脱却とは矛盾する結論をもたらす。現状での集団的自衛権行使とは、米国と一体化した武力行使を可能にすることであり、彼我の力関係からして行きつくところ自衛隊の米軍極東師団化につながらざるを得ない。これは本来対米自立を意味する戦後レジーム（＝サンフランシスコ体制）からの脱却とはまったく逆の方向にある。安倍氏の志向する日本の国家的自立からはますます遠ざかる道だと言わざるを得ない。

国際法を守るということ

中国や韓国のナショナリズムは、アジアで唯一近代化に成功し帝国主義国家となった近代日本への対抗意識として成立している。そこには国民国家としての建国の正統性に直結する問題が根底にある。

民主化後に制定された韓国憲法は前文で「三・一運動に基づいて建立された大韓民国臨時政府の法統」を継いで建国されたとしている。これは一つの美しい建国神話と言うべきものだろう。大韓民国臨時政府というものがあったことを当時も今も日本人は知らない。日本とこの臨時政府が戦争をしたという事実はないし、日本統治下の朝鮮の人々は日本人として共に連合国と戦った。しかし民主化後の現代韓国が「反日独立運動」を国家の正統性の根拠におかざるを得なかったこと、またそれ故、韓国社会が民主化し豊かになればなるほど、「反日」ナショナリズムが有効な政治シンボルとなってきたこともよく理解できる。これは「原理主義」と呼ぶべき心理現象である。たとえてみれば、現代韓国の政治社会で反日か否かは、明治国家にとっての「国体」観念にも似た原理主義的な政治シンボルとしての意味があるのだ。

この韓国原理主義を突き詰めていくと、その国家的正統性は近代日本の歴史へのトータルな否定の上にしか成り立たないことになる。他方、非白人非キリスト教世界で唯一工業化を成し遂げて西欧列強に伍した近代日本の歩みは、大多数の日本人の誇りの源泉であり、今も「維新」は強い正統性を以ってイメージされているし、天皇制の存在感は冷戦後年をおってますます重みを増している。つまり日韓の「近代観」には両立しがたいものがある。

国家の正統性に関する原理の対立が日韓の歴史認識問題の根底にあるとすれば、外交技術的に解決することは容易ではない。韓国が原理主義スパイラルに陥らないことを祈るばかりだ。それが韓国流戦後レジームの見直し論となり、日韓条約の否定につながるような最悪の事態にならないことを願う。民主政治は、原理主義の自己主張に対して極めて脆弱な制度なのである。それが昭和戦前期の政党政治やドイツのワイマール体制の崩壊の要因でもあった。

中国のナショナリズムも、歴史問題と結び付いて原理主義化しつつある。中国ナショナリズムへの対応も困難だが、こちらについては中国の戦勝国としての立場を尊重する、中国の大国としての面子を潰さない、という対応策がある。日中国交正常化交渉のプロセスで、毛沢東、周恩来ら当時の中国首脳は、日本の戦争責任について、「一部の軍国主義者」と「それ以外の日本人民」を区別し、前者に戦争責任を帰し、後者は軍国主義の被害者だったとする論理を展開し、「日中両国人民の友好のため」に賠償請求権も放棄した。それは多分に中国国内向けのレトリックだったとはいえ、日本側の田中首相、大平外相も基本的にその中国側の論理を受け入れた形で、日中共同声明に調印したのである。これは「東京裁判の結果を受諾し」（サンフランシスコ講和条約一一条）、米国と和解したという論理と同じことを意味している。村山談話もこの延長線上にある。

中韓のナショナリズムは原理主義スパイラルに陥りつつあり、これに対抗して日本人のナショナリズムも先鋭化しつつある。各国いずれの政権にとっても制御困難な事態に陥っている。そして、日本として、韓国や中国の原理主義を抑制する方法はあまりない。日本に可能なのは、「サンフランシスコ条約を始め戦後の諸条約を守る」と言うことだけだ。そして中国や韓国に対しても、「条約を守ろう、国際法に則って問題を解決しよう」と言うしかない。

それは一面で「我慢を続ける」ということを意味する。だが、その我慢がしやすかった戦後の諸条件が変化した今、我慢を続けやすい国際環境を新たに整えなければならない。それが日本政治の課題だろう。日本人のナショナリズムに健全な方向を示し、戦後の国際協調主義を発展的に継承する道を見つけなければならない。東アジア共同体構想はそのための方向を示したものだ。

尖閣、竹島問題などナショナリズムが絡む問題を二国間交渉で解決することは不可能だ。それはたしかに東アジアの地域的統合を困難にしている要因である。しかし視点を変えれば、これら地域的統合の阻害要因となっている問題は、実は地域的統合の度合いを進める中でしか解決できないということだ。ＥＵの経験で明らかなように、地域的統合の進展は領土問題を希薄化させていく。

3　米中協商と東アジア共同体

「米中協商」への道

国交正常化以降の米中関係は、台湾問題、天安門事件など緊張を孕みながらも、決定的な対立に陥ることなく、相互依存関係を深化させていった。

米中の経済的相互依存関係は急速に拡大している。米中の貿易額（二〇一二年）は約四八〇〇億ドルであり、これは日米貿易額（約一七〇〇億円）の三倍近い。米国は中国の最大の輸出先であり、中国は米国の最大の輸入先である。米国との貿易摩擦の主役は日本から中国に代わった。米国の対中貿易赤字は三〇〇〇億ドルを超え、中国は輸出でたまったドルで米国債を買う。米国債の海外引き受け分の二割を中国が保有することになり、米国にとって第一の債権国も中国が日本にとって代わった。

米中対立は、かつての米ソ対立とは質的に異なるものである。米中両国は軍事的に対立している様に見えるが、実際には共存関係の構築を目指して着実に首脳や閣僚による政治対話を定期化している。それは二〇〇〇年代半ばから今日まで、共和党政権下でも民主党政権下でも一貫して継続している。

平成一八年（二〇〇六年）八月、ブッシュ大統領が胡錦涛主席に電話で「米中戦略的経済対話」（Strategic Economic Dialogue）の設置を提案し、両者が合意したのが始まりだった。米国は、対テロ戦争を進める上で、中国とはできるだけ協調関係を続ける必要があり、経済成長を優先的課題とする中国も台湾問題や人権問題、貿易摩擦での米国との軋轢を回避したかった。ブッシュ政権下で、この米中戦略経済対話は五回にわたって毎年続けられた。オバマ政権もこの方針を引き継いだ。経済問題中心の対話から安全保障問題も話し合う対話に格上げし、名称を「戦略および経済対話」（Strategic and Economic Dialogue）と変更した。本年（二〇一四年）まで六回にわたって開催されている。この事実は両国が協商関係に向かいつつあることを意味する。

初期のオバマ政権の対中政策はかなり融和的なものだった。政権交代の結果成立した鳩山民主党政権を軽んじ、中国を重んじる風にも見られた。平成二一年（二〇〇九年）一一月に訪中したオバマ大統領は、演説で「米中関係が二一世紀を作る」といわゆるG2論を語り、また共同声明では中国の言う「主権と領土の保全」と「核心的利益の相互尊重」を盛り込むことを認め、中国は「アジア太平洋国家としての米国を歓迎する」と応じた。

そのことと関係するのかどうか不明だが、以後中国の東シナ海、南シナ海での活動が活発化した。平成二二年（二〇一〇年）九月には尖閣諸島海域での中国漁船と海上保安庁巡視船との衝突事故が起こった。翌年春には南シナ海で中国の監視船がベトナム、フィリピンの調査船を妨害する事件も起こった。このためASEANは結束して中国に対して南シナ海の行動規範作成交渉を提案し、中国もこれを受け入れた。しかし今もその交渉は決着していない。

中国の言う核心的利益（中国語では「核心利益」）が何を指すのかは必ずしも明らかでない。台湾、チベット、新疆がそれに含まれるのは間違いないが、南沙、西沙、尖閣については、それを核心的利益と言い切るかどうか中国内部でもまだ確定していないように見える。

中国にとって「核心的利益」とは、戦前の日本がよく使っていた「生命線」といった意味合いだ。日本の「生命線」が軍部に引き摺られてだんだん拡大していったように、中国の「核心的利益」も、油断していると軍部や海洋利権にかかわる組織の都合でどんどん拡大していってしまう恐れがある。そこは日本も心してかからなければならない。同時に、日本に陸軍のような対外膨張派と昭和天皇はじめ親英米派がいたように、どこの国にも膨張派と国際協調派がいる。膨張派を勢いづかせ、協調派を苦境に陥れるような原理主義的な外交は愚かなことだ。戦前の米国にはそういうところがあった。

新型大国関係と日米同盟

後期のオバマ政権は、外交軍事の重点を中東からアジアに移す方針（いわゆるピボット）を明らかにした。平成二三年（二〇一一年）には、東アジア首脳会議（ＥＡＳ）にも出席することとなった。また環太平洋経済連携協定（ＴＰＰ）を提唱し、中国を排除する形で米国主導のアジア太平洋での経済秩序を形成することを目指した。さらに米国防総省は、平成二四年（二〇一二年）一月に「国防戦略方針」を発表し、アジア太平洋での再均衡政策（いわゆるリバランス）を明らかにした。しかし米国は巨額の財政赤字下にあり、同盟関係強化の掛け声は大きいが、この地域に対する軍事予算の増大を伴うものとはなっていない。

米中は確かに政治的にも経済的にも対立する問題を抱えており、米国のリバランス政策はもちろん南シナ海、東シナ海で近隣諸国と紛争を起こしている中国を牽制するためのものだ。しかし、米中の対立的側面を過大に見て、その協調的側面を過小評価してはならない。

先述の通り、米中戦略経済対話は恒例化している。平成二五年（二〇一三年）六月には新任の習近平国家主席が訪中してオバマ大統領と長時間にわたって会談し、大きな話題を呼んだ。その後七月の会議にはそれぞれ一五名もの閣僚または閣僚級が出席した。このときの米中首脳会談で、習近平主席は「新型大国関係」の構築を提案したが、これは中国が米国に匹敵する大国になったことを前提に、両国が軍事的に対立することなく、共通利益のために協力する、というものだ。アジア太平洋の諸問題を米中の協議で仕切り、日本など中小の同盟国との関係よりも重視する方針、と見做されかねない。このため当初米国では慎重で、「新型大国関係」という表現も使わなかった。

しかし同年（二〇一三年）一一月ライス安全保障担当補佐官が「新たな大国関係を機能させようとしている。米中の競争は避けられないが、利害が一致する問題には協力関係を深めようとしている」と語り、今年四月の米中首脳会談でオバマ大統領も「新たなモデルの二国間関係を強めていくことで合意している」と発言した。

また中国側の発表では、習主席は「昨年以来、われわれは様々な方式で緊密な意思疎通を保ち、一連の重要な共通認識に至り、中米関係の重要で前向きな進展を促した。オバマ大統領が先日の書簡で、中米の新型の大国間関係の発展に常に尽力すると表明したことを称賛する。双方は非衝突、非対立、相互尊重、協力・ウィンウィンの原則を堅持し、より積極的な姿勢、より力強い行動で、二国間、地域、グローバルの各レベルで調整・協力を強化し、溝や敏感な問題を効果的に管理・コントロールすべきだ」と表明した、としている。

オバマ政権は、習国家主席が提唱した「新型大国関係」を実質的に受け入れたと見るのが妥当だろう。両国は戦わない、と言っているに等しい。私が「米中協商」を指摘する所以である。

ここで、日本などとの同盟強化と新型大国関係（米中協商）は両立するのか、という疑問が当然出てくる。もし中国が尖閣を核心利益とし、万一武力衝突に至った時どうするのか。「ともに戦う」という日米同盟と「戦わない」という米中協商はいずれが優先するのか。ラッセル国務次官補などは米議会で「（アジア諸国との同盟は）中国を対象としたものではない」と明言し、平成二六年（二〇一四年）四月に訪中したヘーゲル国防長官も同趣旨の発言をしている。

そして二〇一四年も七月に北京で米中戦略経済対話が滞りなく開催された。もはやこれは「米中定期閣僚会談」とでも名付けたほうがよい。これだけの規模の政府間の定期会合は日米間にもない。日本では両国の対立面ばかりが報道されているが、米中間にこのような首脳、閣僚レベルでの定期的会合が継続しているという事実にこそ、もっと目を向けなければならない。さらに米国は同年夏のリムパック（環太平洋軍事演習）にも中国海軍を招待した。日本の親米保守派の「米中対立」願望を裏切る形で、米中協商時代は、静かに、着実に進行していくと見るべきだろう。

それが米国が安倍政権の進める集団的自衛権論議に幾分冷ややかに対応していた所以だ。米国は中国の地政学的野心には警戒的であり、膨張傾向を抑止しなければならないと考え、日本がその抑止に積極的役割を果たすことを期待している。しかし日本がいたずらに中国を刺激して武力衝突が突発し、米国が日中戦争に巻き込まれることは困ると危惧している。米中協商と日米同盟の矛盾に米国は今後どう折り合いをつけていくのだろうか。

幻想の中国包囲網

経済的軍事的に台頭する中国に対して、諸国内には経済的相互依存関係を重視し融和的に対応しようとする勢力と、軍事的脅威を重視して敵対的に対応しようとする勢力が存在する。米国もその例外ではなく、協調か対抗かときどきの状況で政策の現れ方が違ってくる。オバマ政権はその間で揺れ動いてきた。

オバマ政権の外交顧問格のブレジンスキーは「アジアにおける米国の建設的戦略的関与は日米同盟だけに依存するのではなく、米中協力を制度化する必要がある」（二〇一三年二月一三日付ニューヨーク・タイムズ）と述べている。総じて見れば、実際紆余曲折はあるが「米中協力の制度化」（つまり「米中協商」）は進んでいる。それは不可逆的に進行する米中経済相互依存構造の上に制度化されつつある政治構造であり、それ故ポスト・オバマが民主党政権になっても共和党政権になっても、この趨勢は変わらないだろう。

そういう状況下で、安倍政権は、対中韓政治関係の悪化は放置し、日米同盟強化と中国包囲網形成にしか関心がないように見える。「抑止と対話」は国際政治の要諦だが、時として声高な抑止策が挑発と受けとられ、対話の道を閉ざす結果を招くことが多い。

大東亜戦争開戦の詔勅では「剰へ与国ヲ誘ヒ帝国ノ周辺ニ於イテ武備ヲ増強シテ我ニ挑戦シ」とある。米国の対日強硬姿勢は昭和天皇や親英米派を苦境に追いやり、かえって軍部に開戦への大義名分を与えた。あからさまに中国を仮想敵視した鳴り物入りの対中包囲網作りは、中国内で軍拡や対外膨張を目指す勢力に恰好の口実を与える恐れがある。

それに中国包囲網は現実として難しい。アジア太平洋諸国の中国経済への依存度はあまりに深化しており、中国敵視とみられるような行動にはいずれの国も慎重だ。そこが米ソそれぞれが独自の経済圏だった冷戦時代とは決定的に異なる。

まず、この包囲網は韓国が抜けており、初めから大きな穴があいている。韓国では輸出入とも中国が第一の相手国となっており、とくに輸出については中国が二五％近くを占め、日本と米国を合わせたより大きい。経済的な対中依存が高まるにつれて政治的にも中国の影響が強まっており、TPP参加表明が大幅に遅れた要因は中国の反対への配慮があった。東アジアで第三位の経済規模をもつ韓国を中国側に押しやるような包囲網作りは、対中抑止策として全く意味がない。逆に歴史問題での中韓提携を許し、かえって日本に対する国際的批判が拡大する結果を招いているだけだ。

日露関係の強化は、これを新たな「日露協商」にまで進める覚悟があれば日本の自立を確保するための有効な外交政策になりうるだろう。しかし単なる反中国気分に突き動かされただけの安倍政権の対露関係強化策は、クリミア併合に対抗する米欧の対露制裁に同調させられたことであえなく頓挫した。他方ロシアと中国は国境協定を締結して長年の紛争に終止符を打ち、日本海で合同軍事演習をする仲になっているし、経済面でもロシアにとって中国は第一の貿易相手国となっている。同様に安倍政権が重視するインドにおいても中国が第一の輸入先、第三位の輸出先になっている。日本は輸出先としては一〇位、輸入先としては一五位にすぎない。中印国境紛争も一応棚上げされており、積極的に中国包囲網に参加しようとしているわけではない。領土紛争を抱えるベトナムでさえ、中国が約二割のシェアを占める第一の貿易相手国であり、中国への対抗心は強烈だが、全面的な反中国政策を貫徹できないでいる。

米国の同盟国であるオーストラリアはどうか。輸出入とも中国が日本を抜いて第一の相手先になっており、輸出先としては中国のシェアが二七％にもなっている。平成二五年（二〇一三年）一月の日豪外相会談で岸田外相は同国のカー外相から「中国封じ込め政策には同調しない」と明言され、さらには「河野談話の再検討は誰の利益にもならない」と念をおされる始末だった。その後同年九月に政権が労働党から自由党に移り、多少日本寄りに揺れ戻した感はあるが、アボット首相は平成二六年（二〇一四年）七月に訪豪した安倍首相を歓待する一方、議会演説では「日豪のパートナーシップは他の国に対抗するものではない」と強調した。要するに、同国のヒュー・ホワイト前国防次官補が言うように「オーストラリアは、重要な同盟国であるアメリカ、そして経済的に多くを依存する中国という二つの極の間で揺れ動いている」（『フォーリン・アフェアーズ・リポート』平成二五年九月一〇日号）のである。

「二つの極の間で揺れ動いている」のは日本も同じだ。小泉内閣の時は政治対立が激化し「政令経熱」といわれた。第一次安倍内閣では「戦略的互恵関係」を謳って関係改善が図られ、福田内閣でも日中ガス田共同開発に合意した。政権交代後の鳩山内閣の時期が政治関係改善の絶頂期だったが、その退陣後菅内閣では尖閣での漁船衝突事件が起こり、野田内閣の尖閣国有化で再び政治関係は悪化し、安倍内閣の靖国参拝で関係悪化は決定的となった。

要するに、ここ数年の日本政治も、自民党政権か民主党政権かにはかかわりなく、親中と反中の間を揺れ動いてきた。協調と対立の振り子の振れ方が激しく、「対話と抑止」の程よいバランスというものがとれなくなって来ているのだ。もし日本政治が方向感覚を失ったままで、米国の覇権衰退と中国の経済的軍事的台頭が続いていくとしたら、親中派と親米派が争う二大政党制が出現するかもしれない。それは日本政治の最悪の未来像だろう。

中規模国家の苦悩

米国と軍事同盟を結ぶ国々では、米国への政治的依存と中国への経済的依存の間で、板挟み状況に陥っている。最近ではこれを「チャイナ・ジレンマ」と呼ぶらしい。その良い例が「アジアインフラ投資銀行」設立構想だろう。中国が企図し米国が強く反対するなかで、それは踏み絵のように各国を悩ませたが、結局のところ、ＡＳＥＡＮもインドも、米国の同盟国である韓国やオーストラリア、欧州諸国も、これに参加することになりそうだ。日本はどうするのだろうか。中国包囲網づくりを嘲笑うかのように進行したこの経緯を、安倍政権はどう受け止めるのだろうか。

他方、米国や中国が新たなアジア秩序について確かなイメージを持っているかといえば、そういうわけではない。中国は、近頃は「中華民族の偉大なる復興」を高らかに謳っている。有体にいえば、東アジアを自己の勢力圏とすることを目指しているように見える。中国はかつてのソ連のように世界規模で米国と争い、その覇権に取って代わろうとまでは考えていない。しかし、アジアでの地域覇権を確立すること、つまりアジアの問題については米国の関与や多国間交渉は排して、大国である中国が指導する形で周辺の中小国各々との二国間関係で処理していきたいと志向している。

これは伝統的な華夷秩序に近いイメージだ。近代以前において中国は東アジア諸国にとって、文明の中心であり価値の源泉だった。その正統性は自明のことだった。しかし今再び大国として復活した中国は何を目指そうとしているのだろうか。英国の議会政治や金融制度、社会保障制度は日本をはじめ近代化を目指した国々の目標だった。米国の自由と民主主義は今も理念の力を失わない。かつてのソ連も社会主義経済と平等な社会を目指して人々を魅了した。毛沢東や周恩来、鄧小平が、平和五原則や三つの世界論を唱えていたころの中国からは、貧しくても大国の品格を感じた。

中国は、今の政治体制のままで、その巨大な人口と広大な領域を安定的に統治していけるのだろうか。国際的にも国内的にも、「力」だけでは支配の正統性を維持することはできない。中国の限界はそこにある。それはかつての日本にも問われたことだった。

米国は、中国のアジアでの平和的台頭を認めつつ、アジアに関与し続ける意志を表明している。これも有体に言えば、覇権国としての面目を維持しつつ、つまり疑似主従関係にある日本などとの同盟強化を図りその盟主としての力を誇示しながら、中国と協調してアジアの秩序維持にあたろうという方向だろう。しかし今日の米国は、無軌道なグローバル経済を市民社会の倫理感で統制する意欲を欠き、また諸国の国民経済の実情に寛容に対応する余裕も失っている。

米国が中国に提案した「Ｇ２」による世界秩序維持や中国が逆に提案した「新型大国関係」とは、力点の置き方が両国において異なるとはいえ、米中両国によるアジア共同管理構想と言ってよい。事態はその方向つまり「米中協商」に向かって進んでいる。

華夷秩序も、Ｇ２体制も、日本や東アジア諸国にとって望ましい未来像でないことは言うまでもない。

米中両国は、共存しつつも成り行きとして、アジアの秩序作りの主導権を争い、東アジア各国との関係において、どちらが優位を獲得するか、政治的に争わざるを得ない。それが大国の宿命であり、周辺の中小国家は否応なくその優劣争いに巻き込まれる。問題はここにある。

経済統合の行方

米中両国とも、日本が東アジアで独自の政治主体として影響力を強めることには好意的ではない。鳩山内閣が東アジア共同体構想を提唱したとき、米中ともに消極的だった。

米国は、鳩山内閣の東アジア共同体構想が米国を排除し、中国の東アジア支配の道具になるのではないか、あるいは対米自立を志向したものではないかと懸念した。米国の対日政策担当者たちは、伝統的に日本の自立志向に警戒的で、彼らは鳩山内閣を反米的政権と見做して妨害した。他方中国は、その東アジア共同体構想がインドやオーストラリアを加え、米国の関与を認めるなら、中国の行動を規制する中国包囲網の一変形となりかねないと懸念したのだ。

現在、アジア太平洋地域の経済秩序構想として、「TPP（環太平洋経済連携協定）」と「RCEP（東アジア地域包括経済連携）」の二つが並立して進んでいる。

鳩山内閣が退陣を余儀なくされ、日本政界から東アジア共同体構想が葬られた後、米国はTPP構想を提案し、日本も結局これに参加することとなった。これは事実上の日米自由貿易協定であり、また米国の安全保障上の関心を動機としたアジア太平洋の経済秩序案だった。その目的とするところは、米国流の撤退した自由化ルールをアジア太平洋地域に確立し、中国の影響力の浸透を押さえ、また日中の政治的経済的連携も牽制しようとするものだ。中国はこれを米国の軍事的政治的アジア回帰政策と一体のものと見做した。

東アジアの経済統合の枠組みについては、かつて中国がASEAN＋3（日中韓）を、日本がASEAN＋6（3＋オーストラリア、ニュージーランド、インド）を主張して対立してきた。日本の提案は中国の影響力を薄め、米国にも気を使ってのことだった。米国がTPP交渉を推進し始めると、ASEANは参加国と非参加国に分かれた。それまでASEAN中心に進んでいた東アジアの経済連携が米国主導による経済秩序作りに取って代わられることを危惧したＡＳＥＡＮは、ＡＳＥＡＮと個別にＦＴＡを締結している諸国（つまり「＋６」）にＲＣＥＰ構想を提案した。中国も米国主導のＴＰＰに対抗する手段としてＲＣＥＰを位置づけて、積極的に影響力を行使しようとしている。ＴＰＰは自由化のレベルが非常に高く、中国にも多くのＡＳＥＡＮ諸国にもハードルが高い。ＲＣＥＰは国民経済の実情により配慮した自由貿易連携を目指している。

ＴＰＰには中国が入っておらず、ＲＣＥＰにはアメリカが入ってない。日本はいずれにも顔を出している。ＲＣＥＰの枠組みによる東アジアの経済統合は本来日本が望んだもののはずだが、ＴＰＰを優先する過程で日本の影は薄くなっている。日中韓自由貿易交渉も停滞している。日本がしっかりした東アジア共同体構想をもたないと、ＴＰＰを率いる米国とＲＣＥＰに拠る中国のＧ２体制が出現しかねない。

米中両国は協商関係を維持しつつ、東アジアで進行する各種の地域統合の試みに影響力を行使しようとし、かつまた自らにとって望ましい地域統合の在り方を模索して競合している。そのような状況において日本に求められるのは、いたずらに東アジア地域での政治的対立を助長することではなく、積極的に東アジアの地域統合を推進する具体的な外交努力を通じて、自らの経済的発展と政治的自立を目指す道であろう。

必ずしも誤りではない。

東アジア安全保障会議の提唱

安倍首相は平成二六年（二〇一四年）一月のダボス会議の際、現在の日中関係を「第一次世界大戦前の英独関係」になぞらえた。この時期にそうした例を引くことは刺激的にすぎるが、必ずしも誤りではない。

第一次世界大戦に至る西欧世界では諸国家間の経済的相互依存関係が著しく深まったが、大戦が勃発した。諸国の経済発展段階の違いは必然的に貿易摩擦を引き起こす。輸出で稼ぐ新興国への反感は強まる。また急速な経済発展はその国の伝統社会を破壊し、階層間の軋轢を生み、社会的安定を損ねる。国民統合の必要から為政者はナショナリズムを鼓舞し、社会に排外主義的雰囲気が蔓延する。地域の政治的対立や抗争は激化する。要するに、諸国の経済成長と貿易関係の発展が自動的に平和的な国際環境をもたらすものではない。

かつての日本やドイツがそうであったように、新たな大国が勃興する時、他国に脅威を与えることは歴史的によくあることで、新興大国の膨張的傾向に適切な抑止策を講ずることは重要だが、軍事的に対抗するだけでは地域の緊張は解消しない。緊張を吸収する何らかのメカニズムが必要になる。そこに地域統合の必要性が生れる。

今の中国にも、誰もが覇権主義的危険性を覚える。米国のリバランスは中国抑止政策として妥当なことだし、日本も独自の対抗策を講ずることはもとよりだ。しかし同時に、日本があからさまに中国を仮想敵国視し、あまりに夢中になって包囲網形成を目指すことは、中国にとっては緊張を高める敵対的行動と映り、好ましくない反作用も生まれる。「日米同盟の軍事的脅威」は中国軍部の膨張主義にとって恰好の大義名分となる。中国包囲網を作り、軍事的抑止に力を入れるだけでは中国の行動は変わらない。

他方、日本の対中包囲網が幻想であるのと同じように、中国もまた国際的な反日政策を貫徹することはできない。極端な反日政策や膨張主義は、中国の国際的な信頼性を自ら毀損し、中国が何よりも必要とする経済成長に不可欠な安定した国際環境を破壊することにもなる。「中国に好意的である日本を作ること」が大国中国の国益であるにもかかわらず、中国が反日政策を貫こうとすればするほど、日米同盟の反中同盟色をより強めてしまう結果を招き、かえって米国のアジアでの影響力を強めることにもなってしまう。それ故、極端な右派勢力はともかくとして、外交や経済を担う実務勢力の間では、どの時点かで両国関係を安定軌道に戻そうという動きが生ぜざるを得ない。同じメカニズムは日本の政官界にも働く。この点では、私はかなり楽観的な見通しに立っている。望むらくは安倍内閣が「卒啄の機」を見誤らないでほしいということだ。

今何より必要なのは、東シナ海や南シナ海での領土をめぐる紛争が偶発的な軍事衝突に発展することを防止することだ。そのためには実態として進行する東アジアの地域統合に、もう少したしかな政治的な仕組みを与える必要がある。つまり東アジアの危機管理システムを構築することだ。またそれは不可能なことではない。

たとえば、日本が提唱し得る一つの具体策方策として、日中米露各国とも署名している東南アジア（ＡＳＥＡＮ）友好協力条約を「東アジア友好協力条約」に衣替えし、参加国で「東アジア安全保障会議」を定例化することを提唱すればよい。ちなみに東南アジア友好協力条約は、ＡＳＥＡＮ域内諸国間の紛争の平和的解決を誓約する条約であり、東アジア首脳会議（ＥＡＳ）に参加するには同条約に参加しなければならないことになっている。

新条約には、改めて締約国間の紛争解決に武力を用いないことを謳い、平和五原則や覇権禁止条項を盛り込む。日中平和友好条約とほとんど同じ内容になるから、中国も反対できないはずだ。またそれは東アジア共同体の大きな原則となるとともに、域外諸国の関与も前提とするゆえに、米国も受け入れ可能なものだ。

ただ政治的統合を進めるには、経済統合を進めるのとは次元を異にする強い政治的指導力を要する。日本はその役割を担わなければならない。そのための諸国との協働の努力が、東アジア共同体構想に新たな地平を拓くとともに、日本に新たな国際的地位を与えることとなるであろう。

おわりに――「中」日本主義の国家構想を

われわれは中国の台頭に適切に対処し、対米過剰依存から脱却し、自国と近隣諸国のナショナリズムの原理主義化を抑制し、東アジアに武力紛争をなくしていく道を模索しなければならない。

これからのアジアにとって中国の存在が中心となることはやむを得ない。果たして日本はますます巨大化する中国と、これに時に協調し時に対抗する米国との間で政治的経済的自立を貫いていけるだろうか。

「日米同盟」も「日中協商」も新たな時代環境の中で変容を迫られている。今までと同じように、なんとなく並存並立していくわけにはいかない。それは米国が卓絶した経済的軍事的存在であり、日本がアジアで唯一の経済先進国であり、そして中国が貧しかったころの時代環境を背景に作られた体制だった。両国の力が近づき、日本の相対的地位が低下している現在の時代環境においては、一方を強めると他方が悪くなる関係になりがちだ。それらが両立する新たな枠組みを作らなければならない。東アジア共同体構想の意義はそこにある。

日本が途上国にとっての経済成長のモデルである時代は終わった。また経済規模では日本はこれからも後発国に追い越されていくかもしれない。しかし、維新革命以来われわれが築いてきた日本社会の「質」を追い抜くことはなかなか難しいだろう。これを成熟社会と言うなら、それを着実に維持していく道を考えるべき時に来ているのではないか。

世界第三位のＧＤＰを誇る日本を中規模国家と呼ぶことには抵抗があるかもしれない。しかし日本は米国や中国あるいはロシアとは違う。独自の軍事活動ができるわけではないし、自国のルールを他国に押し付ける力はない。経済的影響力も新興国の追い上げでさらに相対化されていく。人口減少も免れがたい趨勢にある。要するに日本文明は絶頂期を過ぎ、爛熟から緩やかな衰退の時代に入りつつあるのだ。これからの日本はこの避けがたい運命を甘受し、中規模国家として生きていく道を模索しなければならない。

つまり、われわれは敗戦でも変わることがなかった「大」日本主義の夢を捨て、「中」日本主義の道を行く決意をしなければならない。東アジア共同体構想とは、「中」日本主義の国家構想となるはずだ。

補論　沖縄の自己決定権と東アジア共同体

——スコットランド独立投票から沖縄が学ぶもの——

島袋　純

スコットランドから比較する

私が政治学を始めたのは、沖縄の政治の現状への不満が動機です。沖縄が自治の力を身に付ければ物事は解決するんじゃないかと、大きな期待をもって地方自治をテーマとして選んだ。最初に読んだ本が松下圭一さんの『市民自治の憲法理論』（岩波新書、一九七五年）で、いまだにこれが私の考え方の基本を占めている。

スコットランドに一九九八年から二〇〇〇年の間、客員研究員として滞在した。スコットランドはかつて独立国であり、当時、ほぼ主権国家に等しい「内的自己決定権」、つまり国内に留まりながらほぼ主権国家と同じような権限、が与えられると既に決まっていた。一九九九年にスコットランドに三〇〇年ぶりに復活したと言われたパーラメント（国会）が、実際にどう運営されているのか、どう選挙が行われ、政治の過程が進展していくのか、毎日議会に行ってつぶさに観察した。

沖縄開発庁長官（現内閣府沖縄担当部局）のような、地域担当省があって、地域担当大臣がいるという行政システムは世界的に珍しく、日本の他にはイギリスぐらいにしか存在しない。以前は北海道開発庁という名称の機関があったが、ちょうどスコットランドは人口も面積も北海道と変わらない。スコットランド省と北海道開発庁は情報交換をしていたようだが、そのスコットランド省の権限もまるごとスコットランドが「ぶんどった」のがスコットランドの改革だった。

一九九九年、沖縄では共産党から自民党まで沖縄開発庁を存続させろという陳情ばかりだったが、スコットランドでは、スコットランド担当大臣の権限を、新設するスコットランド首相に委譲することで解決した。そして国会のスコットランド委員会が持つ立法機能は、スコットランド議会が最終的な権限を持つことになった。スコットランドに関する国法の制定権も、新設されたスコットランド議会へ移譲された。なぜスコットランドにはできて、沖縄ではできないのか、比較検討するという目的で現地に向かった。

今日はスコットランド独立国民投票から、東アジア共同体創設にどのような示唆が得られるのか話していくが、ヨーロッパは東アジアとは様相が異なる。

独立投票の経緯

ヨーロッパでは「地域からなる欧州」（地域は大体自治州になっている）が欧州統合のスローガンだ。主権国家が構成国として、契約や国際条約を結ぶことによってのみ欧州連合が作られたわけではない。「ユーロ・リージョン」を制定して、ヨーロッパ基金という予算の大半を、経済的に困窮した地域に再分配しようとしている。ヨーロッパ地域政策――日本で言えば国土開発政策のようなものだが、それを国家単位ではなくヨーロッパ全体で大々的に行なうことで、地域間の不平等や経済的格差を解消していく。沖縄振興政策のようなものを、ヨーロッパ全体でやっていこうということ。地域、あるいはリージョン（地域）と呼ばれている自治州を単位として行われている。経済的、財政的に弱いスペイン、ポルトガル、ギリシャ、南イタリア、それから東ドイツ、ポーランド、北スウェーデン、それからスコットランド、アイルランドは、「地域からなるヨーロッパ」の標語のもとにヨーロッパの予算が投入された地域に当たる。地域や自治州の住民がブリュッセルに出向き、共同連携を図り、地域の力を充実させるとともに、欧州連合を進化させていくような流れを作っている。

一例を挙げれば、スペインではフランコ「総統」（総統は、首相・元首・大統領と全て兼ねたような地位で、独裁者ということ）の死後、後継者として指名された国王が民主化を徹底的に図った。その過程で、自治制度の改革が行われている。

府県制度はフランスが発祥で、近代主権国家をつくる時に、真ん中の都市から馬で日帰りできる距離によって人工的に定めたもの。日本の府県制度もフランスがモデルとなっている。その府県制度をそのまま残しながら、県の制度をあまりいじらずに国の出先機関を統廃合して大きな州を制定した。例えばカタロニア（カタルーニャ）などは、近代主権国家をつくるときに併合された元の小王国にあたる。封建時代の小王国の単位が州の単位になったこともあり、カタロニア語など、言語や歴史を尊重する運動も同時に起こった。

改革以前は、カタロニア語は「方言」とみなされ、公の場で話すことや学校で教育されることが禁止されていた。それが七八年の自治州の成立でカタロニア語が公用語となり、いつでも公の場で話すことができるようになり、カタロニア語で教育できるように制度が変えられた。

「方言」には政治的な意味合いがある。何が方言で、何が方言でないのかは国家が政治的な影響力で決定する。沖縄の言葉を「方言」というのは、明治時代に日本政府から、国家語である「国語」が正当な言葉であって、あなた方の言葉は方言だからはやく撲滅させなさいという流れの中でつくられた考えである。カタロニア語は「方言」ではない、自分たちの言語であると、言語を正常に戻そうとする「言語正常化運動」が起き、カタロニア語を復活させていった。

イギリスは四つの地域からなる連合で、本来、北の三分の一位がスコットランド。琉球王国以上に独立性は怪しいが、一七〇七年までスコットランドはまがりなりにも主権国家であった。ところが既に言語は失われ、スコットランド訛りの英語を話す地域だった。一七〇七年、国会議員がイングランドに買収され主権を失うことに賛成してしまい、事実上併合された。その後、独立闘争、内戦が起きるが、反乱軍は敗北し続けた。一七四五年の最後の反乱以後、スコットランド連隊は先兵として大英帝国の世界征服のために活躍し、スコットランドはそれによって、大英帝国の一地域として、産業革命など、さまざまな恩恵を充分に受けていく。

欧州における地域分権の含意

市民主体による自治権確立運動を受けて、ヨーロッパで自治州、市、府県においても、全ての自治体において自治のあるべき姿を定めた自治憲章が定められ、それがヨーロッパの自治の中で育って行った結果、新しい公共を担い地域政府を形成する主体としての市民という存在が生じてくる。

特に市民運動について、ＮＧＯ、ＮＰＯは層が非常に分厚い。ベルギーのブリュッセルは欧州連合の首都だが、大勢の市民団体が存在し、市民社会の中に浮かぶ島のようなものだと言える。市民社会によって支えられているヨーロッパのシチズンシップを基に、欧州という新しい政治の単位が出来つつある。

それと同時に欧州連合自体が、自治州が強力に自治権を獲得していくことを支援している。アイルランドなどは、自治州の力が弱いと勧告を受けたこともある。自治州がそういったシチズンシップの担い手としてあらわれてきた。つまり、欧州社会の立ち上がりと地域社会再生に伴い、欧州市民権（性）と自治州の市民権（性）の相乗が起こっている。

もう一つは欧州の人権保障機構の発達が挙げられる。ヨーロッパでは市民が何か罪を犯せば、国家権力の範疇にある警察によって捕まって裁判を受ける。これは国家対市民の対立なので、非常に人権を抑圧する可能性がある。日本では今度刑事特措法で、沖縄から誰が訴えられるか分からないが、辺野古では、刑事特別法で国家によって処罰される可能性が高い。欧州では、人権保障機構として欧州人権裁判所が存在し、刑法に関しては、ハーグに置かれている欧州人権裁判所が最高裁である。各国の刑法犯はそこに上告することができる。もし沖縄がヨーロッパに位置していれば、刑事特別法はハーグに持って行って訴えればたちどころにひっくり返る。ヨーロッパでは、国際的に人権を保障する権力機構の創出によって、人権を尊重するための様々な法の順守を徹底する、そういった「国際立憲主義」が成立している。

市民は社会を形成し、その社会を守るために、必要な権利を備える政府を作る。議会、行政府、裁判所をつくる。地域社会を守るために地域政府を作るという発想のもとに、自治州が作られ、強化されている。こうした「地域」が、主権国家設立以前の旧王国・公国の単位の場合は、歴史を共有するために、より強力な社会的連帯と言語及び文化のための要求が起き、中央からの強力な分権化要求が起こる。カタロニア、バスク、スコットランド等、例にいとまがないが、そうしたところには一国多制度といって、さらに強い自治権があたえられている。その地方の要望に応じて、その地域が望む権限が与えられているというのがヨーロッパの現状だ。

スコットランド独立運動の変遷

スコットランドの場合は、七九年、八九年、九九年と一〇年ごとに大きな節目があった。七九年には、スコットランドの国民党（独立主義の地域政党、現政権党）を連立に取り込もうと、労働党中央主導でスコットランドのアッセンブリー（地方議会）設置の法律が作られ住民投票が行われた。これは労働党の都合のために行われ、失敗し、国民党からも反感をかった。

さらに悪いことにサッチャーが登場し、新自由主義を押し付け、鉄鋼業、造船業等、スコットランドによって国有化された産業を民営化し、あるいは閉鎖し片っ端から潰していった。スコットランドは八三年に失業率が二〇％にも上るという、非常につらい時期を迎えた。

当時、長いストによってもう少しでスコットランドの労働運動が勝利を収めるかに見えたが、フォークランドの限定戦争によってサッチャーは絶大な支持を得、徹底的な新自由主義改革の実現に成功した。第一次安倍政権はこれをモデルにすべく、下村文部大臣がこのフォークランド紛争について調査に行ったそうだが、尖閣諸島や沖縄に適応される可能性があるのではないかと危機感を抱いている。

こうした時代を経て、一九八九年にはこともあろうか、スコットランドにだけ四〇〇年ぶりに人頭税が適応された。負担とサービスの等価交換という市場原理を公共部門に投入するのが新自由主義の発想だ。特にスコットランドは労働党の牙城であったので、サッチャーはスコットランドに来て、「スコットランド人は甘えるな。社会というのは存在しない。連帯や相互扶助もあり得ない。世の中には市場と個人しかいないんだ」と有名な「マウンドの演説」を行い、スコットランド人に対して目覚めよと吠えまくる。

スコットランドはそれを聞いて大反感を抱いた。新自由主義的な政策が貫徹されることで社会が破壊されるのだと。スコットランドは連帯を求める、学校選択制はやらない、スコットランドのどこに住んでいても等しく教育を受ける権利を持つんだと。そして社会を守るために「一九八九年スコットランド権利要求」を出していく。

これは権利章典に相当する。権利章典というのは、単なる歴史上の宣言文の名称でもなければ、憲法にはめ込まれた人権条項のことでもない。人民主権により憲法を制定し、権力機構を創設し、国家を形成するという出発点の手続きのことだ。基本的人権が人民にあり、それを守るために憲法を制定し国家権力を創造する権力があるんだと自己宣言する。大陸会議とか憲法制定会議などの、人民に直結する会議体によって、主権が人民にあると宣言するのが権利章典であり、私は一般名詞としてここで用いている。

一九八九年、イゾベル・リンゼイさんを中心にスコットランド議会設置運動、市民運動が行われた。保守党を除いた八割ほどの、スコットランドの全国会議員、全自治体の代表が集まり、ちょうど沖縄の建白書のように自筆でサインし、スコットランド人民が自らの望む統治機構をつくりだす権利があると宣言した。これは非常に重要で、イギリスの名誉革命時の権利章典、アメリカ独立戦争時のバージニア権利章典ならびに独立宣言、そしてフランス革命のときのフランス人権宣言と同じ意味を持つ。スコットランドの主権がスコットランドの人民に由来するという、人民の自己決定権の宣言文となった。

小選挙区制は非民主主義的であるとして、スコットランドの議会には比例代表制が選択された。イギリスは小選挙区制で、それをモデルに日本は小選挙区制を導入している。さらに議院内閣制といった政府の仕組み、統治の基本法を発案している。人民の自己決定権に基づいて、自由に政府の権限と政府の仕組みを発案した。

その発案を引き取ったブレアがマニフェストに出し、一九九八年にスコットランドの統治の基本法としてイギリス国会で制定され、その法律に基づいて一九九九年にスコットランドの議会がつくられ、選挙が行われた。教育福祉の権限を含め、自治権を持たないと社会が破壊されるという強力な危機意識によって、二〇年がかりでサッチャーリズムの悪夢が克服され、スコットランド議会設立が可能になった。

スコットランド国民党

現在政権党であるスコットランド国民党は独立主義政党だ。これがスコットランドの独立運動に非常に大きな役割を果たしている。

ヨーロッパでは独立主義政党への投票がたった三%から七%、一〇%に変るだけで、中央の政権党は恐怖心を持ち、妥協のためにいろんな分権を実現してくれる。沖縄で独立主義政党が現在もないというのは、自治権、自己決定権を実現できない大きな理由だと思われる。

約一五〇年前からスコットランドのナショナリズムが発達してくるが、一九七〇年代までは独立主義政党の得票率が三%ほどしかない、ほぼ国会議員もいない状態だ。一九七〇年に北海油田が発見された。経済的な自立が可能になると、一気に独立の気勢はあがるが、技術的にも金銭的にも採掘が不可能となると、一気に支持が弱まる。ただし二回のオイルショックを経て石油の値段が向上するので、七〇年代に実際に北海油田が開発できた。油田が開発されたことで、また国民党の得票率があがる。必ずしもアイデンティティーだけが独立運動の争点ではなく、お金のありかは重要な問題だ。

スコットランド国民党は、ＥＵからも離脱を目指す民族主義的・排他的な方針をとっていたが、一九八〇年代に社会民主主義的、親ＥＵな方向に大転換した。もともとスコットランドは大陸諸国と良好な関係を築いており、オランダとかフランスと同盟を結ぶことで、イングランドを挟み撃ちにし、独立を保ってきた。スコットランド法も、大陸系の影響を受けている。サッチャーリズムの嵐の最中で、労働党も「ニュー・レイバー」といって新自由主義的に転換するが、スコットランド国民党はオーソドックスな社会民主主義を徹底的に追求していくという立場に変わった。

前述したスコットランドの権利章典によって憲政会議――これは憲法制定会議と訳してもよい――が設置され、イギリスの国内に留まって、その中での最大な主権的権限の獲得を目指す「内的自決権」が目標とされた。スコットランド国民党は会議の結成までは参加をしていたが、「外的自決権」つまり独立を目指す方針上、以後は参加を見送った。

しかし、一九九七年の住民投票ではスコットランド議会創設に大いに賛成し、漸進主義的に一歩一歩スコットランドが自治権を獲得することを認めた。スコットランドが自治権を獲得すれば、必ず中央政府の妨害が生じ、社会民主主義的な社会の成立が難しくなる。必ずそのうち主権国家に移換しようと世論は変わるはずだと目論んだのである。

一九九九年のスコットランド議会選挙の最中に、コソボで空爆が始まった。スコットランド国民党はこの空爆に反対し以下のように主張する。つまり、ＮＧＯやＮＰＯなどの市民社会がコソボに入ることで紛争は解決できるはずで、その方が費用も抑えられ、人権の抑圧も監視することができる、市民グループを撤去すれば虐殺が起こるのだと。

他の自由民主党、労働党や保守党は、スコットランド兵が最前線で戦っている時に、こんな足を引っ張るような演説をするのはけしからんと言って批判し、マスコミもこぞって否定的なキャンペーンをやって、スコットランド国民党は結局第二党に留まった。これにより、反戦演説をしたアレックス・サモンドは、党首を退任した。

ところがこれが二〇〇三年のイラク戦争勃発のときに効いてくる。大義名分無き戦争、アメリカのために起きた戦争によって、スコットランド兵が死んでいく。これはおかしい、許されない。これでスコットランド国民党は得票を獲得し、二〇一一年には過半数を獲得した。そのときに掲げたマニフェストでは、独立の際には住民投票で、主権者である人民の意思を確かめて、その上で独立をすると書いてある。

英国政府の承認

佐藤優さんが「スコットランドで内乱が起こるかもしれない」と書いていて、いい加減なことを書いているなと思ったが、流血というのはありえない。普通独立というのは流血を伴うという意識が強いかもしれないが、スコットランドでは流血は全くありえない。暴力的な対立、それから英国政府、国家による実力介入は一切ありえない。単に住民投票だけで、全く無血に独立するかしないかが問われ、もし勝ったら独立していた。

英国政府が結果を受け入れる約束をしていたが、それを可能にしたのはスコットランドの自己決定権が、前もって英国政府に認められていたということだ。スコットランド権利章典に基づき、スコットランドの憲政会議（憲法制定会議）がスコットランドの憲法にあたる基本法を発案し、それを英国の国会が法律として認めた。英国の国会は、結局スコットランド人民の自己決定権を間接的に認めている。そういったことが背景にあって、英国政府もスコットランドの住民投票について承認せざるを得ないという状況があった。

スコットランド政府が二年前に最初に出した住民投票の選択肢は、１「賛成」、２「反対」、３「最大の分権化」だった。交渉の過程で英国政府は、第三番目の選択肢「最大の分権化」――国内に留まっておきながらいま以上の分権化を約束する――を認めずに二者択一にすることを要求してきた。スコットランド国民党も、二年前には自分たちでも到底勝算があるとは思っていなかった。英国政府は圧倒的に反対派が勝つはずだと自信満々に、「賛成」も「最大の分権化」も一気に葬る戦略として投票を承認したのだが、これはキャメロン首相の失策であったと言われている。

権利章典は立憲主義の出発点

承認せざるを得ないもう一つの理由には、マニフェストを順守するイギリスの憲政の常道としての民主主義の発展史が挙げられよう。スコットランド権利要求――スコットランドの人民主権宣言と言ってもよいが――に基づくスコットランドの初の統治の基本法の原案を、英国国会が既に承認している。スコットランドの主権がスコットランドの人民に帰属すると英国国会が承認しているので、イギリス政府は無碍に断るわけにはいかない。

権利章典は立憲主義の原点だ。人民主権による統治機構の創造と統制の出発点だ。英国名誉革命のときに英国議会が出した「権利章典」には、逮捕監禁からの自由、表現の自由などの、基本的人権が列挙されている。そしてもう一つ大事なのは議会主権で、国王がこれを順守しないから革命が起こった。次回守らなければウィリアム――新国王の身分を保証しないと明言した。これがイギリス人の憲法群の一部として法律化してある。権利章典は、イギリスで今でも生きた法律だ。一六八九年当時スコットランドも独立国家であり、スコットランド議会も同じことをやっている。スコットランドが、自分たちがいかなる統治機構・形態でもあれ、自分たちが政府をつくる権利があるんだと宣言している。

名誉革命の権利章典の後、米国独立革命のときの権利章典としてバージニア権利章典が発表される。これは同じように人権条項を列挙しているが、アメリカにおいて重要なのは人民主権だ。アメリカの大陸会議――これはアメリカの憲法制定会議に相当する――で憲法草案をつくっていく。最初に憲法制定の権限が、我々人民にあると宣言しないかぎり憲法をつくることはできない。これが革命の基本的な流れだ。

その次、同じことがフランス人権宣言で行われる。フランスの憲法制定のために、国民会議がつくられ、そこでフランス人権宣言が発布された。自分たち人民に主権があって、憲法を制定し国家を形成する権力があると宣言するので、そこで次にはじめて憲法がつくられる。残念なことに日本はこの手続きをやっていない。

一九八九年には、前述のとおり、スコットランドで新しい権利章典（Claim of Right for Scotland）が発表されていた。これは沖縄の建白書と似たようなやり方で行われた。その権利章典に基づいて憲法制定を行い、権力機構の創造や国家形成を行う。これが立憲主義の出発点で、この手続きをやらないと立憲主義は軌道に乗らない。

日本で立憲主義が軌道に乗らないのは、この手続きを戦後やらなかったからだ。明治のときは欽定憲法なのでもちろんやっていない。欽定憲法というのは、アメリカ、イギリス、フランスからすれば憲法ではない。擬似憲法、憲法もどき。国民が制定しない憲法が立憲主義なんかつくれない。だから憲法じゃない。

経済問題による争点すり替え

本来独立の争点は、新自由主義の国家に留まって、新自由主義的な政策を受け続けるのか、それとも福祉国家を再生していくかという、国家の岐路を選ぶ重要なものであった。日本社会のなかで経済的格差が広がっていると言われるが、それとは段違いに、イングランドとスコットランドの社会的亀裂は非常に大きい。日本のメディアは報道しないが、新自由主義を承認するイングランドと、新自由主義を完全に拒否するスコットランドの間の社会的な亀裂は縮まっていない。これをどう縮めていくのか、いまの保守党はビジョンをもっていない。

スコットランドでは、社会民主主義的な社会を作っていく運動は続くと思うが、もう一つグラスゴーからのイギリス軍の撤退と核兵器の撤去が大きな争点となる。それが可能になるためには、経済的に自立しなければならない。

そもそも北海油田をどうスコットランド領にするのかどうか、税収をどうするのかは、技術的な操作でどうにでもなるような水掛け論であって、本質的には大した議論でない。

ただしイギリス政府は、スコットランドが独立した場合ポンドは使わせないと言っている。ポンド圏に留まることは、経済的な主権をイングランドに渡すと同じことであるので、本来イギリス政府は喜ぶべきはずである。しかし、わざとポンドは使わせないと嫌がらせをしている。スコットランドにポンドをつかわせなければ、イングランドも非常に衰退するが、スコットランドはさらに打撃をうける。

経済的な問題を最大の争点にするためのポンド使用拒否としか思えない。経済問題にすり替えていくという戦略だ。これは非常に功を奏した。年金生活者や、貯蓄のある人は、自分の財産が目減りすることに恐怖心を持つので、これは非常に効果があった。

アメリカへの貢献と大英帝国の存続

もう一つ重要なのは、アメリカ、イギリスの覇権をめぐる世界的なヘゲモニーの問題だ。イギリスはとにかく、何が何でもスコットランドの独立を認めたくない。これは大英帝国という国家の存続にもかかわる問題であるからだ。

イギリスは新しい覇権国家、アメリカの覇権の維持に一生懸命貢献することで、大英帝国も元の覇権国家としての威信を保ってきた。世界的に見て、アメリカの最重要パートナーといえる。そして核保有国として安保理の五大国としての威信を保っている。国家威信こそがイギリス人のアイデンティティーの一部にもなっている。

ところがイギリスの核戦略は、原子力潜水艦から出る核ミサイルだけで、陸上のミサイルなどは所持していない。その核基地は、スコットランド、グラスゴー郊外のファスレーンというところにのみあった。残りの英国では海が浅くて、受け入れることが物理的にも不可能であった。

アメリカの戦争に必ず協力し、兵隊も派遣して、もっと重要なことに国際世論をアメリカ側に、親米にするためにイギリスは最大な貢献をしてきた。有志連合をつくる時も、イギリスが率先してアメリカに協力しましょうと言っている。国際世論の形成にも尽力して、アメリカのヘゲモニーに対してイギリスは最も重要な国家であった。

ところがスコットランドが核兵器の撤去を要求すれば、イギリスは核兵器を喪失してしまう。

これは五大国からの脱落を意味する。それによりアメリカの覇権のためへの貢献が縮小してしまう。さらには大英帝国の威信の喪失にもつながる。大英帝国としては、今まで世界にいろんな影響力を発揮して、大国のようなふりをしていたが、これももはや維持できなくなる。だから何が何でもスコットランドの原子力潜水艦の基地を維持したい。

アメリカの覇権を維持する、これがイギリスのこの一〇〇年の国家戦略の基本であった。スコットランドではかなり多くの人がこれを意識していた。「大英帝国を我々は破壊する」と言う人もいた。それくらい本当は重要な争点だが、その戦略に対し、反対する側もこれまでおおっぴらに言わなかった。それぐらい打撃が生じる可能性がある。基地に反対する人々は明白にこれを意識している。スコットランドが独立した暁には、核戦略から離脱すると主張していた。イギリスがアメリカのパートナーとしてヘゲモニーを支えることを阻止したいのだと。

もしかするとこうした変革の余波で、日本がイギリスにとって代わるアメリカの最大なパートナーとして様々な軍事関係をやらされるかもしれない。もっとひどく米軍基地が日本に、沖縄に固定されるなどの、悪影響があるかもしれない。

近代主権国家の解体

既存の国家の枠組みから脱して、少数派の主権獲得を平和裏に目指していくという先導的モデルが可能であるのか。西ヨーロッパにおいては、近代主権国家が構築されて以来、戦争・戦闘あるいは国家解体の外圧、経済崩壊等の政治的混乱によって、それまでの国家の国土再編とか新国家誕生がなされてきた。政治的混乱がなく、もっぱら国内の政党や選挙などの政治的な理由によって、国内の無血の政治的手続き、合意形成重視の民主的手続きを経て国家の再編が行われてきたことはない。つまり、民主的手続きによってのみ既存の国家からの離脱や、新国家建設が行われた事例はほとんどなかった。

この点でも、スコットランドの今回の事態は、非常に大きな主権国家の解体の先導的なモデルになりえる。民主的な近代国家の再編、既存の主権国家の解体、新国家形成の初めての歴史的な快挙になった可能性が高い。今後まだ機会があるかもしれないし、先にカナダのケベックが独立を達成するかもしれないが、いずれにせよそういった意義を持っている。しかもこれは地域、下からの主権国家に対する挑戦であって、その堤防を崩壊させる一穴になる可能性が高い。

世界中の自己決定権を追求していく少数派地域が注目し、台湾や香港からもたくさん人が来て、中国系のテレビも取材に来ていた。カタロニアはもちろん、ケベックの注目も高く、特にテレビ局は多かった。沖縄のテレビ局はひとつも来ていなかったのが残念だ。

問題は、こういった人民の自己決定権という概念が果たして通じるのか否かということだ。これは国際人権法の第一条に規定されている。一つは国内において、留まりつつも主権国家並みの権限をもつ「内的自決権」か、もう一つは独立国家となる「外的自決権」。特定の人々はこの権利を持っていると見なされるが、既存の国家内の特定地域、特定集団がそれを主張した時に、既存の国家あるいは中央政府が認めるという政治的文化が存在するのかということが一番の争点である。

ヨーロッパでは先述の通り、少なくとも内的自決権に関しては認められつつある。外的自決はまだ難しいが、いずれにせよ、その人々が持つ「セルフ・デタミネーション」――人民の自己決定権についての認識は育ちつつある。これはヨーロッパで育まれてきた概念で、当然ながら、国際人権法も欧州の近代主権国家、欧州において発展し可能になってきた。欧州の近代主権国家システムが変容し、今後も変化していく。しかも国際立憲主義に基づいて、法の支配に基づいて変わっていくと。人権・人道を重んじながら、その権限を最大限に保障するための統治機構の再編、その中に新しいものが生れる可能性が非常に高い。

が、東アジアではどうか。沖縄の人々に人民の自己決定権があるという認識を、沖縄の人々が、日本政府が共有できるのか。あるいは韓国が、中国、台湾、フィリピンが認識を共有できるか。中国のことに引き付けて言えば、国内の少数民族が「我々は自己決定権を持つ、外的自決権を目指す」と言えば、主権国家をつくることを認めるかという問題になる。そういったことが東アジアで可能なのか。ヨーロッパではすでに起こりつつある近代主権国家システムの変容が、東アジアで起こりうるのか。これが非常に重要だ。

地域（自治州）からなるヨーロッパ

ユーロ・リージョンというのは、欧州機構が認めた補助金の単位にあたり、公式の単位として認められている。例えば日本で国語というのは、国家によって決められた言語、作られた言語のこと。こういった国家言語・国語・国民文化を相対化して、文化的多元性を相互承認していき、実際に追求できる自治権を認めていくことで、「内的自決権」という政治的自由を大きく拡大する改革がなされていく。

欧州では、国際立憲主義、国際人権法が成立し、既に発展している。アンジー・ジェルダさんという人がファスレーンの核兵器の基地で、コンピュータ室に入って、コンピュータを片っ端から海に投げ捨てたことがある。彼女は逮捕されたが、無罪放免になった。なぜか。刑事特別措置法がないからではない。本国の刑法で捕まって、犯罪人にされかけたが、ヨーロッパ人権裁判所によって救済された。国際人権法、国際法に基づくと、大量破壊兵器は国際法に違反している。その違法活動を阻止するための活動と認められた。しかも武器を所持しておらず、ペンチとか、ハサミとか、どこでも売っているようなもので電線を切ったり、コンピュータを海に投げ捨てたりしたが、この人は欧州人権裁判所があったおかげで無罪になった。この事例でも分かるように、欧州人権裁判所は人権の保障を実際に行っていて、ヨーロッパでは国際立憲主義、国際人権法というのが発達し、国際的な人権のスタンダードが作られつつある。これが東アジアで果たして行われるのかが問題だ。

スコットランドでは独立投票を経て、外的自決権の動きが加速していく時に、独立派は極めて親EU的であり、EU内の独立を主張し、EU共通市民権を重視する。今回の独立投票は、スコットランド在住の一六歳以上のEUの市民であれば、ポーランド人でも投票する権利がある。EU市民権に対して非常に貢献的だ。独立運動が活性化すると同時に非暴力化する。そして民主化するという、そういった流れがある。

その流れの中で北アイルランドやバスクの紛争も解決する方向に向かいつつある。そして、アメリカのヘゲモニーに引きずられない自治が可能になる。アメリカの属国となることによって自分たちの人権を侵害させながら、あるいは自分たちの地域の一部の人権侵害を容認しながら、アメリカのヘゲモニーを認めて、どうにか平和を保つなんて、他人の平和を、国内の誰かの平和を犠牲にしながら全体の平和を保つという発想はない。ヨーロッパでは、人権・人道を重んじながら、新しいヨーロッパを作っていく動きが起きている。もちろんヨーロッパ内部でも、人権問題、あるいは移民に対する排斥の問題など様々な問題がある。そのような多様な問題を解決しながら新しい方向に向かう努力がなされている。

国際立憲主義は東アジアでも可能か？

主権国家からなる東アジアではなく、地域からなる東アジアは可能であるのか。東アジア共同体の設立において、これは非常に重要になってくる。少数派の人民の自己決定権を、東アジアの既存の主権国家・国民の多数が認めるだろうか。認証されない限り、東アジア共同体は不可能であると考えている。さらに重要なのは、立憲主義、あるいは国際立憲主義が東アジアの政治文化となりえるのかということだ。

日本でさえ、立憲主義の政治文化は根付いていない。自民党の憲法改正案は、「戦後レジームからの脱却」と言って戦前の欽定憲法の発想へ逆戻りしようとしているが、国民の多数もこれに賛成しているように思える。戦後立憲主義が、日本の社会の中で浸透していない、受け入れられていないよう思えてならない。

沖縄は基本的に「島ぐるみ闘争」を通し、ひとつひとつの人権を勝ち取ってきたという歴史がある。さらにこの人権の闘争を経て、沖縄社会の連帯が育まれてきた。伊江島や伊佐浜の人の痛みが、その住民だけの痛みではなく、沖縄人全体の痛みだと共有し合うことで社会が築かれてきた。

みんなでたたかおうと、戦後初めて社会的な連帯を確認し、我々は「島ぐるみ闘争」を経る。「島ぐるみ闘争」を経て沖縄の社会を築き上げ、その中で表現の自由、結社の自由、集会の自由が獲得され、労働組合も可能になった。一九五五年当時は、労働組合さえないどころか、アメリカのスパイがあちこちにいて、表現の自由、言論の自由も存在しなかった。そういった社会から一歩一歩勝ち取って、社会的連帯を育んできた歴史がある。

いま忘却されつつあるその歴史の元で、自分たちの権利を獲得していく、その中で自分たちの社会を再生していく――これが沖縄社会の唯一の望みではないか。いまの若い者はそんな意識がないと言う人がいるかもしれないが、日本国内で唯一、沖縄社会だけがこういった立憲主義的な統合――立憲主義による政治的統合が可能ではないかと思っている。自ら不可侵の権利を守るために、社会を作り、つながり合い、そして権力機構を創成し、統制していく。そのような立憲主義のもとで、さらに国際的な規模で実現をはかっていくということ。この動きが、沖縄の政治文化になり得るのかという問題がある。

もし沖縄でこれが失敗すれば、東アジアの共同体も当然夢物語になってしまう。「沖縄の自己決定権」と言うと、これは独立主義で、中国に沖縄を売り渡すことだと言う人が多いが、人民の自己決定権、立憲主義を中国社会で適応すれば、たとえばチベットの人たちも人民の自己決定権のもとに、自決権を持つという話になる。これは既存の主権国家解体の可能性を含む論理である以上、中国さえも解体する可能性を導く、あるいは少なくとも国家再編を余儀なくされる論理である。そういったことが東アジアで当然の前提として受け入れられるかどうか。それが今後の東アジア共同体にとってキーとなる考え方であるし、沖縄の中でもそういったことが政治文化となるかが非常に重要になってくる

「島ぐるみ会議」とその意義

私は最近「島ぐるみ会議」に取り組んでいる。島ぐるみ会議の建白書は三本柱――普天間の

閉鎖、オスプレイの配備撤回、それから県内移出断念――を掲げているが、これは沖縄の人々に自己決定権があるという、普遍的な権利に基づいて、それを日本政府相手に陳情するという話ではなく、自分たちの権利として獲得していくという運動だ。私はそういった意識で、この島ぐるみ会議の結成に関わり、そして参加し、様々な結成のアピール文の原案を作成してきた。今後の沖縄の方向性としては、この「自己決定権」を文言のみ確立するのではなく、沖縄の人の政治文化としてこれが確立していくかどうかにかかっている。ただしいま日本本土では、それと逆方向の大きな流れがあるので、これから日本本土の多数の国民と、沖縄との対立はますます先鋭化し、厳しくなっていくのではないかと危惧している。

（二〇一四年一一月八日、東アジア共同体研究所　琉球・沖縄センター主催で開かれたシンポジウム「沖縄の自己決定権――スコットランド独立投票から沖縄が学ぶもの――」での基調講演より再構成）

東アジア共同体研究所
設立趣意

鳩山政権は、「東アジア共同体の創造」を新たなアジアの経済秩序と協調の枠組み作りに資する構想として、国家目標の柱の一つに掲げました。東アジア共同体構想の思想的源流をたどれば、「友愛」思想に行き着きます。「友愛」とは自分の自由と自分の人格の尊厳を尊重すると同時に、他人の自由と他人の人格の尊厳をも尊重する考え方のことで、「自立と共生」の思想と言ってもいいでしょう。そして今こそ国と国との関係においても友愛精神を基調とするべきです。なぜなら、「対立」ではなく「協調」こそが社会発展の原動力と考えるからです。欧州においては、悲惨な二度の大戦を経て、それまで憎みあっていた独仏両国は、石炭や鉄鋼の共同管理をはじめとした協力を積み重ね、さらに国民相互間の交流を深めた結果、事実上の不戦共同体が成立したのです。独仏を中心にした動きは紆余曲折を経ながらその後も続き、今日のＥＵへと連なりました。この欧州での和解と協力の経験こそが、私の構想の原型になっています。

すなわち、私の東アジア共同体構想は、「開かれた地域協力」の原則に基づきながら、関係国が様々な分野で協力を進めることにより、この地域に機能的な共同体の網を幾重にも張りめぐらせよう、という考え方です。

東アジア共同体への夢を将来につなぎ、少しでも世界と日本の在り様をあるべき姿に近づけるための行動と発信を内外で続けていくことを、今後の自身の活動の中心に据えるために、東アジア共同体研究所を設立致し、世界友愛フォーラムを運営していきます。

平成二五年三月一五日

理事長：鳩山友紀夫

鳩山友紀夫（由紀夫）（はとやま・ゆきお）

一般財団法人東アジア共同体研究所理事長。

1947年東京生まれ。東京大学工学部計数工学科卒業、スタンフォード大学工学部博士課程修了。東京工業大学経営工学科助手、専修大学経営学部助教授。

1986年、総選挙で、旧北海道4区（現9区）から出馬、初当選。1993年、自民党を離党、新党さきがけ結党に参加。細川内閣で官房副長官。1996年、鳩山邦夫氏らとともに民主党を結党し、菅直人氏とともに代表就任。1998年、旧民主党、民政党、新党友愛、民主改革連合の4党により（新）民主党を立ち上げ、幹事長代理。1999年、民主党代表。2005年、民主党幹事長。2009年、民主党代表。

第45回衆議院議員選挙後、民主党政権初の第93代内閣総理大臣に就任。

著書 『「対米従属」という宿痾』（飛鳥新社）、『新憲法試案―尊厳ある日本を創る』（PHP研究所）等多数

進藤榮一（しんどう・えいいち）
1939年北海道帯広市生まれ。京都大学法学部卒業。京大大学院法学研究科修士課程、同博士課程修了。法学博士。専門はアメリカ外交、国際公共政策。鹿児島大学法文学部助教授、筑波大学社会科学系助教授、同教授、江戸川大学社会学部教授、早稲田大学アジア研究機構客員教授、ハーバード大学、プリンストン大学、オックスフォード大学の研究員などを歴任。現在、筑波大学名誉教授、国際アジア共同体学会会長、東アジア共同体評議会副議長、国連NGO／DEVNET東京・理事。
著書 『東アジア共同体をどうつくるか』（ちくま新書）、『国際公共政策―「新しい社会」へ』（日本経済評論社）、『東アジア共同体と日本の戦略』（桜美林大学北東アジア総合研究所）、『アジア力の世紀』（岩波新書）等多数

高野孟（たかの・はじめ）
一般財団法人東アジア共同体研究所理事・主席研究員。
1944年東京生まれ。1968年早稲田大学文学部西洋哲学科卒業後、通信社、広告会社に勤務。1975年からフリージャーナリストになると同時に情報誌『インサイダー』の創刊に参加、1980年に㈱インサイダーを設立し、代表兼編集長に。1994年に㈱ウェブキャスターを設立、日本初のインターネットによるオンライン週刊誌『東京万華鏡』を創刊。
2008年9月にブログサイト『THE JOURNAL』を創設。現在は「まぐまぐ！」から『高野孟のTHE JOURNAL』を発信中。（http://www.mag2.com/m/0001353170.html）
2002年に早稲田大学客員教授に就任、「大隈塾」を担当。2007年にサイバー大学客員教授も兼任。
著書 『アウト・オブ・コントロール―福島原発事故のあまりに苛酷な現実』（花伝社）、『原発ゼロ社会への道筋』（書肆パンセ）、『沖縄に海兵隊はいらない』（モナド新書）等多数

中島政希（なかじま・まさき）
一般財団法人東アジア共同体研究所評議員長、元衆議院議員。
1953年、群馬県高崎市生まれ。早稲田大学大学院法学研究科修士課程修了。衆議院議員石田博英（労働大臣）政策担当秘書、衆議院議員田中秀征（経済企画庁長官）政策担当秘書、国務大臣政務秘書官、新党さきがけ群馬県代表、民主党群馬県総支部連合会初代代表、特定非営利活法人公共政策研究所理事長等を歴任。現在、政治団体政党政治研究所代表。
著書 『マニフェスト崩壊―八ツ場ダムと民主党の凋落』（平凡社）、『鳩山民主党とその時代』（東洋出版）、『平成の保守主義』（東洋出版）等多数

島袋純（しまぶくろ・じゅん）
1961年沖縄県那覇市生まれ。1985年青山学院大学法学部卒。1987年早稲田大学政治学研究科修士課程修了。1993年同大学院博士課程満期退学。1998～2000年エジンバラ大学国際社会科学研究所客員研究員。現在、琉球大学教育学部教授、沖縄建白書島ぐるみ会議事務局次長。
著書 『「沖縄振興体制」を問う』（法律文化社）等多数

一般財団法人東アジア共同体研究所
〒100-0014　東京都千代田区永田町２－９－６
◆ホームページ　　http://www.eaci.or.jp
◆公式ニコニコチャンネル（友紀夫・享・大二郎・孟のＵＩチャンネル）
http://ch.nicovideo.jp/eaci

なぜ、いま東アジア共同体なのか

2015年4月25日　　初版第１刷発行

編者 ――― 東アジア共同体研究所
著者 ――― 鳩山友紀夫、進藤榮一、高野孟、中島政希、島袋純
発行者 ―― 平田　勝
発行 ――― 花伝社
発売 ――― 共栄書房
〒101-0065　東京都千代田区西神田 2-5-11 出版輸送ビル 2F
電話　03-3263-3813
FAX　03-3239-8272
E-mail　kadensha@muf.biglobe.ne.jp
URL　http://kadensha.net
振替　00140-6-59661
装幀 ――― 黒瀬章夫（ナカグログラフ）
印刷・製本―中央精版印刷株式会社

Ⓒ 2015　東アジア共同体研究所
本書の内容の一部あるいは全部を無断で複写複製（コピー）することは法律で認められた場合を除き、著作者および出版社の権利の侵害となりますので、その場合にはあらかじめ小社あて許諾を求めてください

ISBN 978-4-7634-0736-8 C0036

友愛ブックレット

辺野古に基地はいらない！
オール沖縄・覚悟の選択

東アジア共同体研究所　編
鳩山友紀夫、大田昌秀、呉屋守將、山城博治、孫崎享、
高野孟　著

定価（本体1000円＋税）

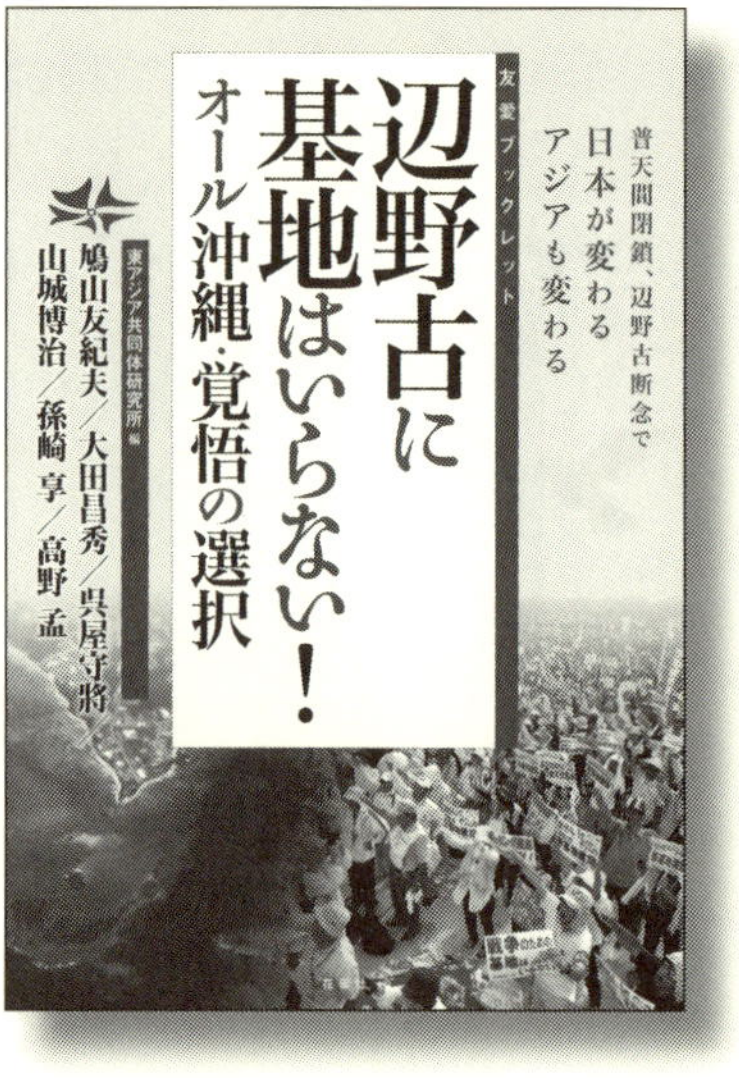

普天間閉鎖、辺野古断念で
日本が変わる
アジアも変わる

友愛ブックレット

ウクライナ危機の実相と日露関係

東アジア共同体研究所 編
鳩山友紀夫、下斗米伸夫、コンスタンチン・サルキソフ、
木村三浩、アナトリー・コーシキン、高野孟 著

定価（本体1000円＋税）

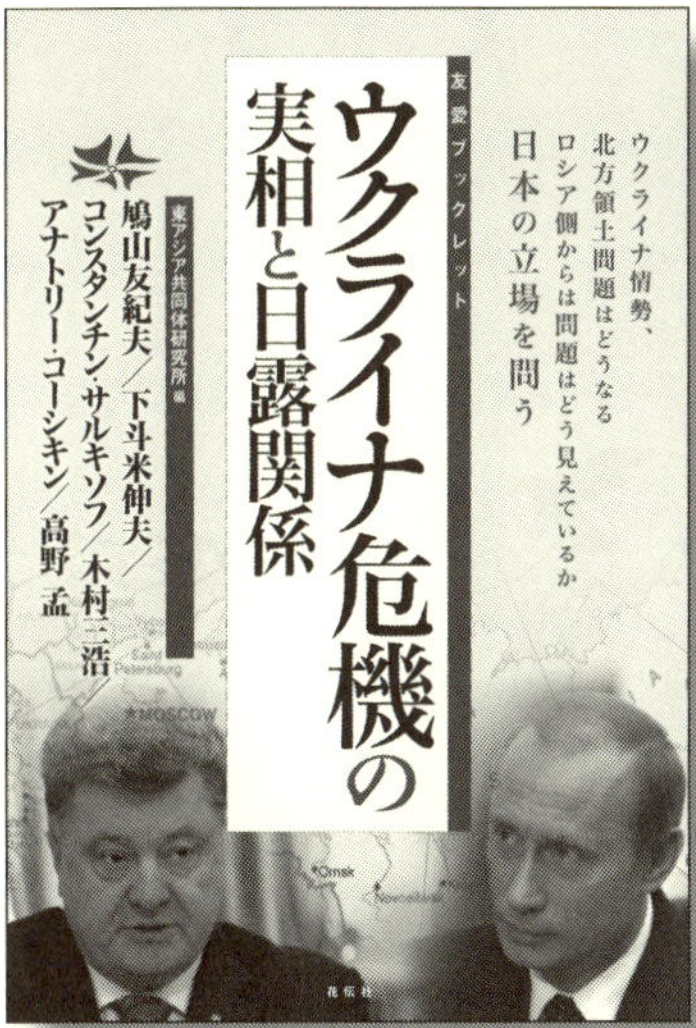

ウクライナ情勢、北方領土問題
ロシア側からは問題はどう見えているか
日本の立場を問う